英語を学ぶ日本人のための

基礎英語学

堀江周三 著

大学教育出版

まえがき

　日本でも、社会の急速な国際化が進むと共に、国際語としての英語の重要性が以前にも増して認識されるようになってきています。
　そして、多くの企業ではTOEICなどの導入により、社員の英語力を向上させようとする試みが目立つにようになりましたし、小学校での英語学習の取り入れも始まっています。また、テレビでは、一般向けに英語会話の勉強を気軽に楽しめるようにと企画された娯楽的教育番組も放映されており、特別な英語学習者に限らず、英語の学習は、今や必要不可欠なこととなってきています。
　しかしながら、TOEICやTOEFLなどの国際的な英語力判定基準で日本人全体の平均的英語力を判定してみますと、日本人の英語力は非常にお粗末な状況にあると言わざるを得ません。私自身も、これまで20年以上にわたり、短期大学及び大学で英語教育に携わってきましたが、最近の学生達の英語力は読む、書く、聞く、話すのすべての領域で、残念ながら、急速に低下してきていると強く感じざるを得ません。つまり、今、日本では社会や時代が求めていることに逆行した現象が教育現場に起きているといえるのです。
　もちろん、この原因の1つには、学生達の全般的な学力低下の問題が関係していると思いますが、英語を1つの言語と考えて、その言語である英語に対してどのように取り組んで勉強したらよいのかについてよく分かっていない学習者があまりにも多いのではないかと思います。つまり、これまで多くの人達は、英語の学習をする場合に、発音の勉強、語彙の勉強、文法の勉強、云々とそれぞれの領域を個別に分科した方法で勉強する傾向にあり、英語をある1つの言語として捉えて、その全体の特徴について総合的に理解を深めていく人は少ないのではないでしょうか。
　しかし、英語は我々の第一言語（母国語）である日本語と同じように言語としての整合性を持った1つの「言葉」です。すべての人間が使用する言葉の成り立ちの出発点は限られた数の「音（音声）」です。人間はこの限られた数の音を、各集団の取決めに基づいて多種多様に組み合わせ、相互のコミュニケー

ションに利用しています。そして、この言葉の中に存在する各集団ごとの取決めについて分析するために発達してきたのが「記述言語学（descriptive linguistics）」と呼ばれる学問分野です。この記述言語学はある言語について、実際に話されたり、書かれたりする表現や文をデータとして捉え、そのデータを分析したうえで、その言語について客観的に説明をすることを目的としている学問です。

　本書は、英語の学習に大いに役立つものでありながら、ともするとこれまで専門的な学問として一般の英語学習者が近寄り難かった記述言語学の中身について、「英語」という言葉が成立してゆく過程を基に、日本語のそれと比較しながら、分かりやすく解説することによって、英語を学習しようとする多くの学生達や一般の人達が、英語という言葉の仕組みを、より明解で、より客観的に理解していただけるようになりますことを願って企画いたしました。そして、この本を読んでいただいた読者の方々が、英語に対して新しい認識と、より深い興味を持たれて、ますます意欲的に英語の学習に取り組んでいかれることにより、英語の運用能力が少しでも向上されますことを心から願いながらこの本の執筆に取り組みました。

　最後に、本書の発行にご協力をいただきました大学教育出版の皆様に深く感謝の気持ちを申し上げます。

2004年4月

著　者

英語を学ぶ日本人のための基礎英語学

目　次

まえがき　i

Ⅰ　人間の言葉と発音の仕組み　*1*

1　人間の言葉の本質 …………………………………………………………… *1*
1.1　人間の言葉と動物の言葉（？）の本質的な違い　*1*
1.2　人間の言葉の構造の本質　*3*
2　人間が使う言葉の音声の本質 ……………………………………………… *5*
3　発音の仕組み ………………………………………………………………… *6*
3.1　発音に使う調音器官とその働き　*6*
3.2　口音の発声方法　*10*
3.3　母音と子音の調音の違い　*11*
3.3.1　母音の定義　*11*
3.3.2　子音の定義　*13*
4　言語音声の分類と表示方法 ……………………………………………… *14*
4.1　言語音声の分類と表示についての考え方　*14*
4.1.1　母音の分類と表示　*16*
4.1.2　子音の分類と表示　*19*
4.2　言語音声を表示するための発音記号（表音文字）　*20*

Ⅱ　英語の音声の発音ポイント　*23*

1　英語と日本語の母音の比較 ……………………………………………… *23*
1.1　英語の母音表の作成　*23*
1.1.1　英語の母音の種類（数）　*23*
1.1.2　英語の母音の調音　*25*
1.1.3　英語の母音表　*27*
1.2　日本語の母音表の作成　*27*
1.2.1　日本語の母音の種類（数）　*27*
1.2.2　日本語の母音の調音　*28*
1.2.3　日本語の母音表　*29*
1.3.　英語と日本語の母音の比較　*29*
2　英語と日本語の子音の比較 ……………………………………………… *32*
2.1　英語の子音表の作成　*32*
2.1.1　英語の子音の種類（数）　*32*
2.1.2　英語の子音の調音　*34*
2.1.2.1　上下の唇を使って発音する子音（両唇音）　*34*
2.1.2.2　上歯と下唇を使って発音する子音（唇歯音）　*36*

   2.1.2.3　上下の歯と舌先を使って発音する子音（歯間音）　*37*
   2.1.2.4　歯茎と舌先を使って発音する子音（歯茎音）　*37*
   2.1.2.5　歯茎の後ろ部分および硬口蓋と舌を使って発音する子音
     （硬口蓋歯茎音）　*40*
   2.1.2.6　硬口蓋と舌を使って発音する子音（硬口蓋音）　*42*
   2.1.2.7　軟口蓋と舌を使って発音する子音（軟口蓋音）　*42*
   2.1.2.8　喉頭内の両声帯を使って発音する子音（喉頭音）　*43*
  2.1.3　英語の子音表　*44*
 2.2　日本語の子音表の作成　*45*
  2.2.1　日本語の子音の種類（数）　*45*
  2.2.2　日本語の子音の調音　*46*
   2.2.2.1　上下の唇を使って発音する子音（両唇音）　*47*
   2.2.2.2　上歯と舌先を使って発音する子音（歯音）　*48*
   2.2.2.3　歯茎附近と舌先を使って発音する子音（歯茎音）　*49*
   2.2.2.4　歯茎の後ろ部分および硬口蓋と舌を使って発音する子音
     （硬口蓋歯茎音）　*50*
   2.2.2.5　硬口蓋と舌を使って発音する子音（硬口蓋音）　*51*
   2.2.2.6　軟口蓋と舌を使って発音する子音（軟口蓋音）　*51*
   2.2.2.7　喉頭内の両声帯を使って発音する子音（喉頭音）　*52*
  2.2.3　日本語の子音表　*52*
 2.3　英語と日本語の子音の比較　*53*

Ⅲ　英語音声の結合の仕組み　*57*
 1　英語音声の語形成の仕組み ……………………………………………………*57*
 1.1　英語と日本語の語形成の仕組みの比較　*57*
 1.2　語を形成する音節と形態素の関係　*58*
 1.3　発音の面から見る語の形成単位—音節　*60*
  1.3.1　音節の定義　*60*
  1.3.2　英語の音節形成の仕組み　*61*
   1.3.2.1　英語の音節の基本的構造　*61*
   1.3.2.2　英語の音節を形成する前部分の子音の音の組合せ　*63*
   1.3.2.3　英語の音節を形成する後ろ部分の子音の音の組合せ　*66*
   1.3.2.4　英語の音節と語形成　*72*
  1.3.3　日本語の音節形成の仕組み　*73*
 1.4　語を形成する音に加わる要素—超分節素　*74*
  1.4.1　語の強勢アクセントの仕組み　*75*
  1.4.2　語の高さアクセントの仕組み　*78*

            1.4.3　複合語と句の強勢アクセントの仕組み　*79*
            1.4.4　文の強勢アクセントの仕組み　*80*
            1.4.5　リズムの仕組み　*81*
            1.4.6　語間の連接の仕組み　*82*
            1.4.7　イントネーションの仕組み　*83*
    2　英語音声の連接状態での変化 …………………………………………*86*
        2.1　単一状態と連接状態での発音される音の違い　*86*
        2.2　表示される音（音素）と実際に発音される音の関係　*87*
        2.3　音素の連接状態での代表的な変化　*91*
        2.4　音素の連接状態での一般的変化　*95*

Ⅳ　英語のスペリングと発音の関係　*98*
    1　現在の英語のスペリングの成立過程 ……………………………………*98*
        1.1　英語のスペリング方式が定着する過程　*98*
        1.2　英語のスペリング方式が複雑で不規則になった理由　*99*
            1.2.1　大母音推移　*100*
            1.2.2　外来語の影響　*103*
        1.3　英語のスペリングと発音の関係を見直す動き　*106*
    2　英語のスペリングと発音の関係の分析 …………………………………*108*
        2.1　英語における書き言葉と話し言葉の関係　*108*
        2.2　英語における書き言葉の基本的仕組み　*110*
        2.3　英語における文字とその発音の関係　*111*
        2.4　英語のスペリングと形態素の関係　*112*
        2.5　英語のスペリング方式の基本的仕組み　*114*
            2.5.1　語のスペリングにおける子音字の使用とその発音　*114*
            2.5.2　語のスペリングにおける母音字の使用とその発音　*129*
                2.5.2.1　母音字とその基本的発音　*130*
                2.5.2.2　母音字の発音と連接されるスペリングの関係　*133*
                2.5.2.3　母音字群とその基本的発音　*134*
                2.5.2.4　母音字'i'と子音字'y'の関係　*136*
                2.5.2.5　語の発音に関する情報を表す文字　*139*

Ⅴ　英語の語の役割とその構造　*141*
    1　英語の語の文形成における役割 …………………………………………*141*
        1.1　英語の語の文法上の役割　*141*
        1.2　英語の語の言語機能上の特性による分類　*142*
            1.2.1　名詞の役割とその分類　*142*

   1.2.2　動詞の役割とその分類　*144*
   1.2.3　形容詞の役割とその分類　*145*
   1.2.4　副詞の役割とその分類　*146*
   1.2.5　代名詞の役割とその分類　*146*
   1.2.6　数詞の役割とその分類　*147*
   1.2.7　限定詞の役割とその分類　*148*
   1.2.8　前置詞の役割とその分類　*148*
   1.2.9　接続詞の役割とその分類　*149*
 2　英語の語の文法上の構造 …………………………………………*150*
  2.1　形態素と語形成の仕組み　*150*
  2.2　語を形成する形態素の種類　*151*
   2.2.1　語類を変える語類転化接辞　*153*
   2.2.2　語類を変えない語類保持接辞　*155*
   2.2.3　語の構造と形態素および接辞との関係　*158*
  2.3　複合語の形成の仕組み　*159*

Ⅵ　**英語の文の構造**　*163*
 1　英語の句形成の仕組み …………………………………………*163*
  1.1　語、句、節と文の関係　*163*
  1.2　句の基本的構造　*164*
   1.2.1　名詞句の構造　*164*
   1.2.2　動詞句の構造　*167*
   1.2.3　形容詞句の構造　*170*
   1.2.4　副詞句の構造　*172*
   1.2.5　前置詞句の構造　*173*
 2　英語の節形成の仕組み …………………………………………*174*
  2.1　句から節が形成される仕組み　*174*
  2.2　節（文）の基本的構造　*177*
  2.3　文を形成する節の種類　*179*
   2.3.1　名詞節　*180*
   2.3.2　関係節　*181*
   2.3.3　副詞節　*182*

参考文献　*183*
索　　引　*186*

I　人間の言葉と発音の仕組み

1　人間の言葉の本質

1.1　人間の言葉と動物の言葉（？）の本質的な違い

　人間も動物もそれぞれに、いろいろな種類の音を発して相互にコミュニケーションをしています。しかしながら、私達人間が動物と違う重要な点の1つとして、言葉の所有ということがよく言われますが、人間の言葉と動物の鳴き声は基本的に、どのように異なっているのでしょうか。

　人間は、世界の各地域に形成した特定の集団（社会）の中で、ある習慣や約束事等についての取決めに基づいて、言葉として使うためのいくつかの種類の音と、それらの音の多種多様な組合わせの方法を定め、それらのそれぞれの音の組合わせに、それぞれ特定の意味を持たせることによって、その集団（社会）の中で相互のコミュニケーションを図っています。そして、それらの組合わされた音のつながりと、それによって表現される意味の間には、擬音語（onomatopoeia）などの一部の例外を除いて、必然的、または、自然的な関連性はまったくありません。つまり、人間の言葉は、単にその人間の所属する集団（社会）の中で、取決められた約束事によってのみ、その集団のコミュニケーションの手段として成立しているのです。

　このことを、**言語学**（linguistics）では人間の言葉の持つ**恣意性**（arbitrariness）という表現を使って説明しています。

　例えば、日本という国の中に住む集団、つまり日本語を話す人間の集団の中では、「木」という意味を表現しようとする場合には、2つの種類の音、[1]/k/と/i/をその順番に連続して発音するという取決めをしています。そして、こ

の集団に属する人は、その2つの音のつながりを聞くと、その取決めに基づいてその2つの音のつながりが「木」という意味を表すと解釈し、相互のコミュニケーションが成立するのです。

　ところが、もしその2つの音のつながりを英語を話す集団に属する人が聞く場合を考えてみますと、その2つの音のつながりによって表現される意味に関しての取決めについて、その人はまったく知りませんので、その2つの音のつながりが何の意味を表現しているかについてはまったく理解できません。一方、英語を話す集団に属する人が、別の3つの種類の音のつながり、/t/と/r/と/i/がその順番で連続して発音されるのを聞くとするならば、その人は英語における取決めを知っていますので、その3つの音のつながりが「木」という意味を表していると解釈することができます。そして、対照的に、日本語しか話さない集団に属する人は、その3つ音のつながりを聞いてもそれが何を表すかについてはまったく理解できません。次の図Ⅰ-1を参考にして、このことを理解してみてください。

図Ⅰ-1　人間が言葉を解釈する仕組み

相手が発音する	聴く	解釈する
/k/+/i/の連続音　⇒	日本語の取決めを知る人　⇒	「木」
	日本語の取決めを知らない人　⇒	???
/t/+/r/+/i/の連続音　⇒	英語の取決めを知る人　⇒	「木」
	英語の取決めを知らない人　⇒	???

(1) / / は、人間の言葉で使われる意味を決定づける音（言語学では**音素**（phoneme）と呼びます）を分類し、表示するときに用いる記号です（Ⅲ-2.2参照）。また、「木」の発音「き」を1つの音として認識している日本人が多いと思われますが、実は2つの別々な音を連続して発音しているのです。

つまり、人間は自分が属する集団で使われるある言葉について、その中で使われるそれぞれの音を認識したうえで、それらの音のつながりに関する取決めを基に、それらの音のつながりが何の意味を表しているかを理解して、コミュニケーションしているのです。この点で、動物の鳴き声（言葉？）は、自己防衛や本能的欲求等に直接結び付く音声であり、取決めに基づいて意味を表す人間の言葉とは根本的に異なるのです。

1.2　人間の言葉の構造の本質

　人間の言葉はこのように、それぞれ独立した個々の**音**（sound）を多様に組合わせることによって成り立っているのですが、それら一つひとつの音を組合わせていく過程において、合理的な組合わせができるように、ある一定の規則に基づいたいくつかの単位（ユニット）が階層的に設定されています。
　まず、個々の音を組合わせる過程で、それぞれの音の組合わせが発音上あまり複雑になり過ぎないように、**音節**（syllable）と呼ばれる、音の組合せパターンが単位として設定されています。また、それと同時に、**形態素**（morpheme）と呼ばれる、意味を表現するための音の組合せ単位が設定されていて、それらを相互に組合わせることで様々な意味が表現できるようになっています。
　そして、それらの音（音素）、音節、形態素という単位は、多様に組合わされて、**語**（word）という大きな単位が作られます。
　また、その語という単位は、いくつかが組合わされて**句**（phrase）と呼ばれる、もっと大きい単位が形成されます。
　さらに、その句という単位は、他の語や句と組合わされて、**節**（clause）または**文**（sentence）と呼ばれる、より大きい単位に作り上げられていくのです。
　そして、文語では、その文という単位は、さらに組合わされて**段落**（paragraph）という単位が形成され、最終的に、**文章**（text）という大きなまとまった単位が形成されていく構造になっています。次の図Ⅰ-2の英語の例を参考にして、人間の言語が持つ、その階層的構造（hierarchical structure）について理解し

てみてください。

図I-2　人間の言葉を構成する単位の階層的構造

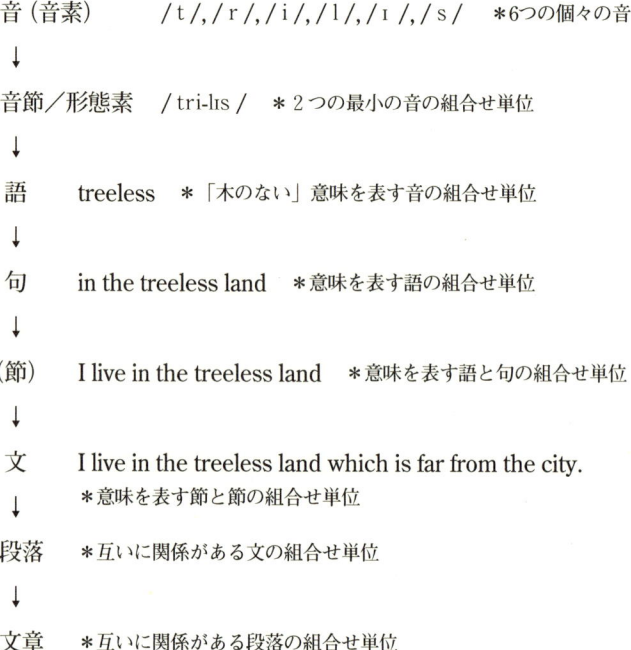

このようにして、人間は単純で小さな単位である音を基に、それらの単位を多種多様につなぎ合わせたり、組合せたりして、文や文章という大きな単位まで作り上げていくことで、ほぼ無限といってよいほどのコミュニケーションのための表現方法を所有することを可能にしているのです。

　この点からも、人間の言葉は、基本的に一対一の関係で階層性を持たないと考えられている動物の鳴き声（言葉？）と大きく異なるといえるのです。

2　人間が使う言葉の音声の本質

　私達人間は、自分が使っている言葉や、知っている外国の言葉を聞く場合には、その中に使われている様々な音を区別して認識し、意味を理解できます。しかし、自分がまったく知らない外国の言葉を聞く場合には、訳の分からない早口で切れ目のない音のつながりとしか理解できず、その中にどのような種類の音が存在し、使われているかについて認識し、意味を理解することは非常に困難で、不可能に近いことです。

　しかしながら、言語学者の分析から、すべての人間の言葉には、発音する仕組みが違う2種類の音、つまり**母音**（vowel）と**子音**（consonant）が必ず使われており、それら2種類の音は、それぞれの言葉を話す集団の中で、それぞれ決まった規則に基づいて正確に組合わされて使われていることが判明しているのです。それでは、私達は、言葉の基本となる個々の音をどのようにして作っているのでしょうか。

　人間は一部の例外を除いて基本的には呼気（egressive lung air）を利用して発声しています。その基本的な仕組みは、まず、横隔膜を下げ、肺胞に空気を呼び込みます。その後に横隔膜を次第に上げることによって、徐々に肺胞内の空気を口腔（oral cavity）または鼻腔（nasal cavity）を通して体外に排出させながら音声を発しているのです。そして、体外に空気を排出するその過程で、首の内部にあって声帯（vocal folds/codes）がある喉頭（larynx）、喉の奥にあって共鳴室の役目をしている咽頭（pharynx）、そして、口腔内にある舌（tongue）、歯（teeth）、唇（lips）などの調音器官（articulatory organs）を非常に巧みに微調整して多様な音を作り出しているのです。

　私達が作り出すこれらの音は、その発声の仕組みから大きく分けて、共鳴現象（resonance）を利用して発せられる音である母音と、空気の流れを妨害（obstruction）することによって発せられる音である子音の2種類に分類されます。そして、これら2種類の調音の方式によって作り出される音をより多種多

様なものとするために、私達は調音器官の位置や形、場所、それら調音器官の組合わせ方法等を微妙に変えています。そうすることで、私達は、さらにいろいろな種類の音を作り出し、それらを複雑に組合わせて、非常に高度なコミュニケーション手段の所有に成功しているのです。

3　発音の仕組み

3.1　発音に使う調音器官とその働き

　私達が言葉として使ういろいろな音を作り出すために、大きく分けて2種類の調音の方法を用いていることについては、既に述べましたが、実際に、さらに多種多様の音を作り出すために、私達はどのような調音器官を、どのように使用しているのかについて見ていくことにします。

　人間が肺からの空気の流れを利用して音を出すためには、次のページの図Ⅰ-3に示してありますように、①から⑭までの、14の器官および組織、または部位を使用しています。

　まず、肺からの空気の流れは、**気管**（wind pipe，図中の①）を通った後、**喉頭**（larynx，図中の②）の中を通過します。この喉頭は軟骨が組合わされてできていて、中央部が膨らんだパイプ状の器官です。特に男性の喉頭は大きいため、外部からも首のところにある喉仏（Adam's apple）として、簡単に特定することができます。

　そして、この中に入っているのが**声帯**（vocal folds/codes，図中の③）です。この声帯はその名称から、何か細長い帯状の組織であるかのように想像してしまいがちですが、実際は、弾力のある強い筋肉質の膜状の組織で、肺からの空気を通過させたり、または完全に止めたりすることができるように、喉頭の内部の空間に左右に対を成して収まっています。

　声帯は、通常の呼吸をする時や、[2]**無声音**（voiceless sound）を出す時は、次の図Ⅰ-4のように左右に開いており、その大きく開いた隙間で**声門**（glottis

図Ⅰ-3　人間の調音器官とその名称

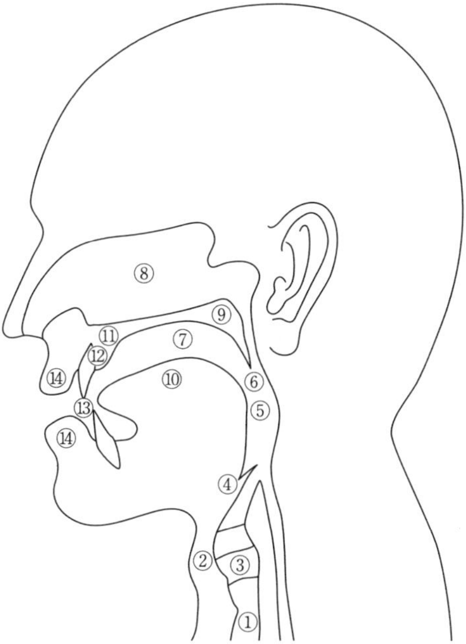

①	気管	wind pipe	＊肺につながる筒状の器官で、肺からの空気が流れる
②	喉頭	larynx	＊いくつかの軟骨で形成された器官で、声帯の動きを調整する
③	声帯	vocal folds/cords	＊喉頭の中の弾力のある組織で、空気の振動を起こす
④	喉頭蓋	epiglottis	＊喉頭の上部にある軟骨で形成された器官で、気管内への飲食物の流入を防ぐ
⑤	咽頭	pharynx	＊喉の奥に見える空間で、共鳴室の働きをする
⑥	口蓋垂	uvula	＊喉の奥に三角錐状に垂れ下がる組織で、鼻腔への空気の流れを閉止する
⑦	口腔	oral cavity	＊口蓋と舌の間の空間で、共鳴室の役目をする
⑧	鼻腔	nasal cavity	＊鼻の奥の空間で、鼻音の発音での共鳴室の役目をする
⑨	軟口蓋	velum/soft palate	＊口蓋の後部で骨がなく、鼻腔への空気の流れを閉止する
⑩	舌	tongue	＊自在な動きをする器官で、母音と子音の調音に最も重要な働きをする
⑪	硬口蓋	hard palate	＊口蓋の前部で骨があり、子音の調音に関係する
⑫	歯茎	alveolar ridge	＊上の前歯の付け根から約1cm位後ろの角張った部分で、子音の調音に関係する
⑬	歯	teeth	＊主に上の前歯が子音の調音に関係する
⑭	唇	lips	＊母音と子音の調音に重要な働きをする

と呼ばれる部分を空気が自由に通過できる状態になっています。しかしながら、母音や[3]**有声音**（voiced sound）を出す時は、その左右の組織部分が閉じてくっついています。そして、その合わせ目を空気が押し広げて通過しようをする時に、断続的に反復した振動がこの部分で発生し、その振動によって空気圧の変化が起こるために、音波が作り出されます。また、この時に、音波の振動数は声帯の緊張度を調整することによって加減できますので、人間は声の音程も調節できるのです。さらに、声帯の開閉の動きも微妙に調整できるため、日本語の「は」や英語の'hot'の発音をする時に使われるような、空気を摩擦させて出す音も作ることができます。

図Ⅰ-4　無声音と有声音の発声時の声帯の状況

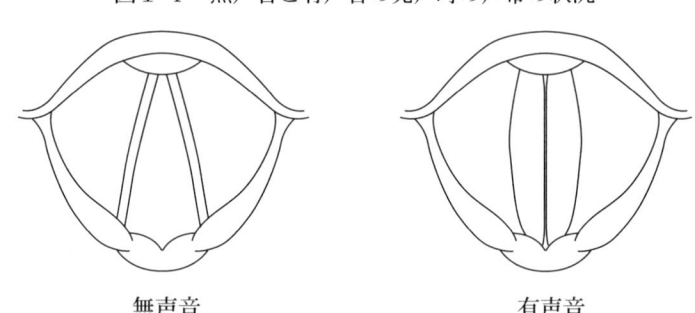

無声音　　　　　　　　有声音

　次に、喉頭およびその中にある声帯の間（声門）を通過した肺からの空気は、**喉頭蓋**（epiglottis，図Ⅰ-3の④）と呼ばれる部分を通過します。この喉頭蓋は、飲食したものが喉頭内に入り込まないように蓋をする役目をする器官で、調音には関係していません。

　その後、肺からの空気は**咽頭**（pharynx，図中の⑤）と呼ばれる喉の奥の広い空間を通過します。この咽頭は、声帯が振動して発生した音波を共鳴させて

---

[2] 無声音とは、左右に大きく開いた声帯の間を空気が自由に通過できる状況で、声帯が振動していない時に発せられる音です。

[3] 有声音とは、声門が閉じた状況で、声帯が振動している時に発せられる音で、一般的には濁音と呼ばれます。母音は、基本的にはすべて有声音です。

増幅させる役目をしている器官で、特に、母音の発声に重要な機能を果たしています。

さらに、肺からの空気の流れは、咽頭の上部を通過した後、**口腔**（oral cavity, 図中の⑦）、または**鼻腔**（nasal cavity, 図中の⑧）のどちらか一方に入り、その内部を通過しながら、体外に排出されていきます。その過程で調音が行われ、いろいろな音が作り出されているのです。

この時に、その二手に分かれる空気の流れを調節する切り替え器の役目をしているのが、**口蓋垂**（uvula, 図中の⑥）および**軟口蓋**（velum/soft palate, 図中の⑨）とその上部にある組織部分です。口腔内の上の部分にある組織は**口蓋**（palate）と呼ばれ、半円球状の形をしています。この口蓋の後ろ部分には骨組織が存在しないために、それら口蓋垂、軟口蓋と、その上部組織の部分は、中心から弧を描くように上下に動くことが可能な仕組みになっています。

そして、この部分が、次の図Ⅰ-5のように上の方に上がっていると、口蓋の後ろ部分が咽頭上部の咽頭壁と呼ばれる部分に押し付けられるので、肺からの空気の流れは鼻腔の方に流れることができなくなり、口腔の方に流れていくようになります。この口腔内に流れていく空気の流れを口腔内の調音器官で調整することで発声される音を、[4]**音声学**（phonetics）では、**口音**（oral sound）と呼んでいます。

また、その一方で、口蓋の後ろの部分が下の方に下がっていると、この部分は咽頭壁から離れるので、肺からの空気の流れはその隙間を通って、鼻腔から鼻を通過して、体外に出て行くことが可能になります。この時に、口腔内の調音器官である**舌**（tongue, 図Ⅰ-3の⑩）がその上部にある口蓋の一部分に完全に密着していたり、上下の**唇**（lips, 図中の⑭）が完全に閉じている場合には、肺からの空気はすべて鼻腔の方に流れていくようになり、鼻の穴から体外に流れ出ます。この際に、声帯が振動して音波が発生しているのならば、その音波は咽頭内や鼻腔内の空間で共鳴現象によって増幅され、音が作り出されます。

---

[4] 音声学とは、言語学の一領域で、人間が作り出す個々の音が持つ特性について、音を作り出すメカニズム、物理的特性、人間の知覚の面などから分析する学問です。

そして、この鼻腔内を流れていく空気の流れによって作り出される音を、音声学では**鼻音**（nasal sound）と呼んでいます。日本語のナ行およびマ行の発音には、この発声方法によって作り出される音が使われています。

図Ⅰ-5　口音と鼻音を発声する時の口蓋後部の状態

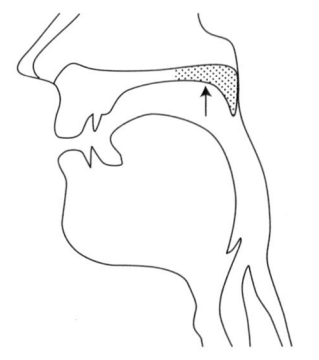
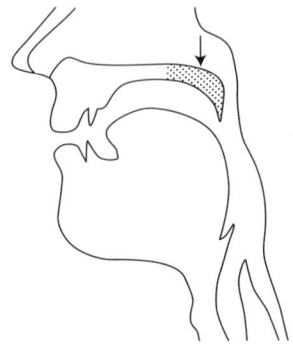

口音（網目の部分が上がる）　　　鼻音（網目の部分が下がる）

このように、私達は言葉を話す時に、体外に空気を排出する経路を2系統に使い分けることによって、口音と鼻音という2種類の発声方法の異なる音を作り出すことが可能なのです。しかし、鼻音を発声する方法では、唇を閉じるか、または、舌を口蓋にくっつけるかのどちらかの選択しかできないため、多くの違った音を作り出すことは難しいのです。このため、人間が言葉を話す時には、口から空気を排出する方法、つまり口音による発声方法が主となります。

3.2　口音の発声方法

普段、私達は、まったく自覚したり、考えたりすることもないかもしれませんが、日本語や英語の口音を発声をする場合には、まず、声帯を振動させて、発生した音波を、咽頭や口腔内で共鳴させながら、舌の位置を、上下や前後に変えたりすると同時に、上下の唇の形を丸くしたり、逆に、横に細長くしたり

することで、様々な違った音を作り出しています。

　また、私達は、舌の前部、中部、そして後部を、その上部にある口蓋の後ろの部分、つまり軟口蓋や、その前の部分で、内部に骨組織があるために硬いので**硬口蓋**（hard palate，図Ⅰ-3の⑪）と呼ばれる部分にくっつけたり、近づけたりすると同時に、声帯を振動させたり、させなかったりする方法などを巧みに組合わせて、もっと多様な音を作り出しています。

　そして、さらに、舌の前部を上の前**歯**（teeth，図中の⑬）の後ろ、約1センチメートル後方にある角のように尖った部分で、**歯茎**（alveolar ridge，図中の⑫）と呼ばれる場所や、上の前歯にくっつけたり、近づけたりしたり、また、上の前歯と下唇を近づけたり、上下の唇を互いにくっつけたり、近づけたりするなどの方法をも用いて、より多種で多様な音を作り出しています。

　このようにして、口音の発声方法によって作り出される多種多様な音声は、前にも少し触れましたように、その調音の方法の根本的な違いによって、大きく2種類の音、つまり、母音と子音に分類されるのです。そして、私達は口から空気を出す発声方法を主として使いながら、このまったく違う2種類の調音の方式を巧みに利用することで、2種類の音色の違った音を作り出し、それらを様々に組合わせて、実に多彩な人間の言葉を作り上げているのです。

3.3　母音と子音の調音の違い

3.3.1　母音の定義

　私達日本人が、ア行の5つの音、つまり「あいうえお」を発音している時に、どのようにして先に述べた声帯などの調音器官を使っているのかについて考えてみることにします。

　これら5つのすべての音を出す時に、私達は必ず声帯を振動させています。それらの音を発音しながら、首の喉仏のところを指先で軽く触れると、声帯が振動していることを感じることができるはずです。つまり、私達は、まず、そ

れら5つの音を作り出す音源として声帯を振動させ、有声音を発声しているのです。

次に、鏡の前に立って、それら5つの音をゆっくりと発音しながら唇の形を観察しますと、唇は開いた状態で、「う」と発音する時には、その形が円に近い状態になり、「い」と発音する時には、ほぼ横に広がった状態に変わっていることに気が付くはずです。

さらに、口の中の舌の動きを注意深く観察しますと、それらの音を発音する場合、そのような唇の動きと同時に、舌の位置が「う」の発音では口腔内の後ろ上方にあり、「い」の発音では前方の上方に位置していることにも気が付くはずです。

このようにして、日本語のア行の音を発音する仕組みを、簡単な方法で観察することによって、これら5つのすべての音を作り出すために、私達はまず、声帯を振動させて音波を作り出し、その音波を喉の奥の咽頭および口腔内の広い空間で共鳴させてより大きな音に増幅させ、その音を開口部である唇から口外へ出しているという一連の音を作る過程を、理論的に理解することができるのです。それと同時に、私達は、これらの5つの共鳴現象を利用した音色の違う音を作り出すために、舌の位置を上下および前後に変えたり、共鳴音が体外に出る開口部、つまり、唇の形を変えたりしていることも理解できます。

そして、こうした日本語のア行の5つの音のような、共鳴現象を主に利用し、舌の位置を上下および前後に変えることにより、共鳴室の形状と容積を変えたり、共鳴室の開口部、つまり、唇の形状を変えたりすることにより、共鳴音が持つ [5] 共鳴周波数帯の特性を変化させることで作り出される音は、**母音** (vowel) と呼ばれます。実は、前述の鼻音も、その調音の仕組みから考えると共鳴音なのですが、口から出る肺からの空気の流れが閉止されていますので、明瞭な共鳴音ではありません。このために、鼻音は母音と呼ばれることはありません。

このように、母音とは、あくまでも、肺からの空気の流れを利用して声帯を

---

[5] 共鳴周波数帯とは、音波が共鳴室内で共鳴現象によって重なり合い、増幅された音響エネルギーが強いある特定の周波数帯のことです。音声学ではフォルマント (formant) と呼ばれています。

振動させ、発生した音波を咽頭および口腔で共鳴現象により増幅させたうえで、ほとんど妨害を受けることなく、口から体外に発せられる音のことを指すのです。また、母音はこのように限定的な調音の仕組みを使うために、利用する調音器官は、主として舌と唇しかありません。このために、母音の数は、どの言語においても、別の調音の仕組みを使い発せられる音である子音の数に比べて少ないのです。

3.3.2　子音の定義

　私達が、日本語のア行以外の音（正確にいうならば音節、または音）、例えば、カ行やサ行のそれぞれ5つの音（正確にいうならば5つの音節）、つまり、「かきくけこ」「さしすせそ」を発音する場合に、どのような調音の仕方をしているかについて考えてみることにします。

　これらの音（音節）を発音するための調音の過程について、理論的によく理解するためには、自分で意識して非常にゆっくりと、かつ、注意深く発音してみることが必要です。

　私達が、カ行の5つの音（音節）「かきくけこ」を発音する時には、最初に、唇は開けたままの状態で、舌の後部をその上にある口蓋の後ろ部分、つまり軟口蓋と呼ばれる部分にくっつけて、肺からの空気の流れをいったん完全に閉止しています。その状態で、舌の後部を下げて、肺からの空気を勢いよく口から排出させ、それに続いて声帯を一瞬振動させます。

　また、サ行の5つの音（音節）「さしすせそ」を発音する時には、まず、舌先を上の前歯の上奥辺りにかなり接近させます。その状態で、その狭い隙間を、肺からの空気が擦れ合うようにして流れ出る方法を用いて音を作り出しています。その後、舌先を前歯の裏から遠ざけながら、声帯を一瞬振動させます。

　このようにして、私達が日本語のカ行やサ行の音（音節）を発音する場合には、連続した2つの調音の方法を使っていることが分かります。つまり、私達が日本語において、普段1つの音と認識しているものは、実は1つの音節であ

り、その音節の中の2つの別々の音（単音）を連続した状態で発音しているのです。

そして、このカ行やサ行の2つの連続した音の組合せ単位、つまり、音節の最初の音を発音する場合には、私達は声帯を振動させることなく（つまり、無声音の状態で）、肺からの空気の流れを口腔内で閉止するか、または、妨害することによって、空気が破裂するような音や、空気が摩擦するような音を作り出しているのです。そして、その後で、舌の位置を調節しながら声帯を震わせて有声音を作り出し、共鳴させて母音の音を発音しているのです。

また、タ行以降に関しても、「ん」の音以外のすべての音において、そのように連続した2つの音を組合わせた状態で発音します。しかし、それらの2つの音からなる音節の最初の音の発音の仕方については、口腔内の調音器官である舌、口蓋、歯以外にも、唇や声帯の隙間（声門）を使って、肺からの空気の流れを閉止したり、妨害したりする場合もあります。また、有声音の発音では、声帯も振動させています。

こうした日本語の2つの音からなる音節の最初の音を発音する時のように、肺からの空気の流れを完全に閉止したり、何らかの方法で妨害したり、また、狭い隙間などを通過させたりすることによって作り出される音は、**子音**（consonant）と呼ばれます。このように、子音は一部の例外を除いて、基本的に空気の流れを妨害することによって作り出す音ですから、声帯が振動している有声音の調音状態の場合と同様に、声帯が振動していない無声音の調音の状態でも、空気の振動音、つまり、音波が発生し、子音の音を作り出すことができます。

4 言語音声の分類と表示方法

4.1 言語音声の分類と表示についての考え方

これまで、私達は母音と子音という2種類の音を作り出す調音の方法を利用したうえで、さらに、調音器官を巧みに使いながら多種多様な音を作り出して

いることについて説明してきました。それでは、私達が作り出す、日本語や英語などの、人間の言葉で使われている個々のいろいろな音を、どのような見地から、どのように整理・分類し、それぞれの音の特性を理解したらよいのでしょうか。

これに対する考え方として、現在一般的に広く使われている方法は、**調音音声学**（articulatory phonetics）で作り上げられた理論に基づくものです。この調音音声学は、これまで私達が本書の中で見てきたような、人間の発音の仕組みを研究するために、20世紀初頭からイギリスを中心に急速に発達してきた言語学（linguistics）の一領域であり、今日私達が英語辞書を使用する際に利用する発音記号の理論の提唱など、語学の学習には大変密接な関係を持つ学問です。ここでは、この調音音声学の理論を紹介しながら、人間が使用する言語音声の分類の方法とその表示の方法について考えていきます。

人間の言葉で使われるいろいろな種類の音の集団から、個々の音を分別して考えていくためには、まず、音を作り出すための調音の方式が基本的に大きく違う、母音と子音という2種類の音のグループに大別するのが、現在の一般的な考え方です。

そして、その後、それらの母音および子音にそれぞれ属する個々の音を作り出すための調音の仕組みについて、使用される調音器官の動きおよびその働きを考えたうえで、それぞれの音が互いに弁別されるポイントを見つけます。つまり、私達が共鳴音（母音）や妨害音（子音）をどのようにして、そして、どの調音器官を使って作り出しているかについて、互いに音を比較しながら、具体的に考えてみるわけです。このようにして調音の違いのポイントを考えてみることによって、人間が言語コミュニケーションに使っているすべての音を整理・分類することができるようになるのです。

このような調音音声学に基づいた手法を用いることにより、人間が言葉の中で使用する個々の音をそれぞれに分類し、表示することが可能になり、私達は初めて、それらの個々の音の特性を客観的に理解することができるようになるのです。これによって、例えば、日本語のある音と別のある音が、調音の面から見てどの部分で違うのか、あるいは、日本語のある音と英語の別のある音と

が、調音の面からどのように違うか等々と、私達の使っている言葉の音声の特徴について、非常に客観的で科学的な知識が所有できるようになります。

4.1.1　母音の分類と表示

　母音を発音する時、私達は肺からの空気の流れを利用して声帯を振動させ、その振動音（有声音）によって、咽頭や口腔内で共鳴現象を生じさせながら、その発生する共鳴周波数帯を舌の位置および唇の形を変えることにより変化させて、いろいろの共鳴音を作り出していることについては、既に3.3.1で述べた通りです。
　このような調音の仕組みから、一般的に母音を整理・分類する場合には、個々の母音を発音する時の舌の中心部（通常は舌の盛り上がりの中心部）の口腔内での相対的位置を基にして、調音の面から、それぞれの音の違う部分について、互いの位置関係を確認しながら分類していきます。このようにして、舌の中心部がどの位置にあるかを基に分類されたそれぞれの母音は、特定の[6]記号が割り当てられることによって、個別的に分類・表示されることが可能になります。
　また、母音は唇の形によってもその音の特性が大きく変化しますので、母音の個々の音は、舌の中心部の相対的位置と唇の形とが相互に関連付けられながら、分類と表示がされなくてはいけません。
　これらの母音を発音する場合の舌の位置と唇の形の関係については、世界で話される多くの言語において、舌が前方で高い位置にあればあるほど、唇はより横に広がった形となり、また、逆に、舌が後方で高い位置にあればあるほど、唇はより丸くなった形となることが一般的に知られています。
　しかしながら、一部の言語の中で使われている母音の中には、例えば、ドイ

---

[6] このそれぞれの音（母音および子音）に割り当てられた記号は、一般的に、発音記号、または表音文字と呼ばれています（Ⅰ-4.2参照）。

ツ語のように、この舌の位置と唇の形の関係が、逆の状態で発音されるものもあります。このために、世界中の言語の母音を分類して表示する場合には、同じ舌の位置でも唇の形が違うことを明示するために、[7] 2種類の発音記号（表音文字）を使うことが必要になる場合もあります。

日本語と英語の母音を発音する場合の舌の中心部の位置と唇の形との関係について考えてみますと、両方の言語とも、前者のように、多くの言語における関係と一致しています。

つまり、例えば、日本語の「い」や英語の/ɪ/の母音を発音する場合には、舌の中心部は同じように、口腔内の前方で、上の方の位置にあり、唇はほぼ同じように、横に広がった形になっています。また、日本語の「う」や英語の/ʊ/の母音を発音する場合には、舌の中心部は同じように、口腔内の後方で、上の方の位置にあり、唇は基本的に、ほぼ同じように、[8] 丸みを帯びた形になっています。

したがって、日本語と英語の母音の個々の音を分類し表示するためには、それらの音が発音される場合に、舌の中心部が口腔内で、前後および上下のどの位置にあるかについて、舌の動く範囲から相対的に考えます。そして、それらの各母音が発音される口腔内での舌の中心部の相対的位置を基に、表示に使う表の形を決め、その表の中に、舌の中心部の位置を相対的に表示するための区分けを作成します。その後、この表の内部の区分けされた部分に、その舌の位置で発音される個々の母音に該当する発音記号を割り当てながら表示すればよいのです。

実際に母音を表示するための表の形については、母音を調音する時の舌中心部の動きから、口腔内の舌の中心部上に、次の図Ⅰ-6のような逆さ台形をイメージして作成します。

---

[7] 例えば、舌が前方で高い位置にあり、唇の形が横に広がっている場合に発音される母音の1つは/i/の表音文字を使って表示されますが、同じ舌の位置でも唇の形が丸くなっている場合には、/y/の表音文字を使って表示されます。

[8] ただし、日本語において、「う」が発音される場合に、唇を丸くしないこともあります。

この母音を表示するための表の形は、母音の調音のために、舌の位置が前後および上下に動く時に、舌の中心部が低い位置では舌がその付け根に近いため、その前後の動きは小さくなり、一方、舌の中心部が高い位置にある場合には、その付け根から離れているため、その前後の動きは大きくなることから考えられています。もちろん、母音を調音するための舌の位置を純粋に考えたのでは、図のようなすっきりとした逆さ台形にはなりませんが、表の形としての明解さと見栄を考えて、このような2直角を持った逆さ台形にアレンジしたうえで母音を表示するための表として使用しているのです。

　また、表の内部で舌の相対的位置を表示するための区分けについては、前後方向を前中後の3つに、また、上下方向を上中下の3つにそれぞれ区分けして表示する方法が一般的に用いられています。

図I-6　母音を表示するための表の概念図

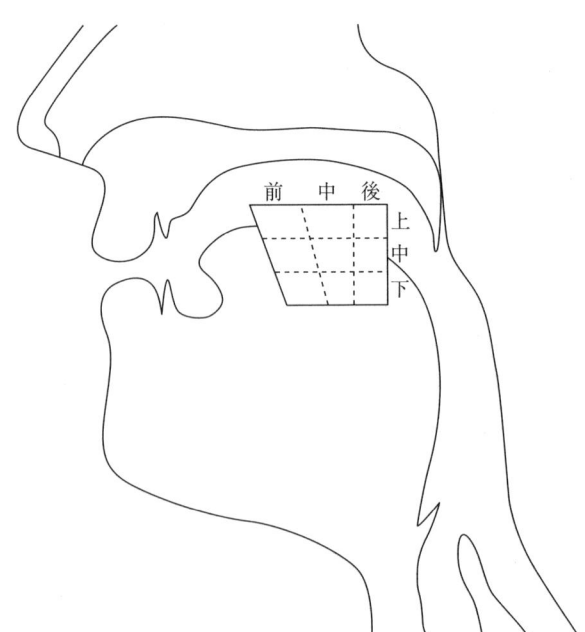

4.1.2　子音の分類と表示

　子音を発音する場合の調音の仕組みについては、既に3.3.2で説明したように、私達は、肺からの空気の流れを、主として口腔内の調音器官である舌、口蓋、歯、そして、唇などを巧みに組合わせながら、何らかの方法で妨害することによって、個々の音を作り出しています。
　また、子音の発音では、基本的に母音と違って、共鳴現象を利用して音を作り出している訳ではありませんので、声帯が必ずしも振動している必要性はなく、発声方法が異なる有声音と無声音の2種類の音が存在しています。
　このような基本的な調音の仕組みから、一般的に子音を整理・分類して表示する場合に、私達は肺からの空気の流れを、どの調音器官を使って、どこで、どのように妨害して個々の音を作り出しているのか、また、その時に、声帯は振動している（有声音）のか、それとも振動していない（無声音）のかについて、それぞれの音を確認しながら考えていくことが必要です。
　そこで、実際に、ある1つの子音、例えば、/k/という音を整理・分類して表示する方法を考えてみることにします。
　まず、この音を発音するために、私達は、舌の後部を口蓋の後ろの部分である軟口蓋にくっつけて、肺からの空気の流れをいったん完全に閉止します。そして、その後、舌の後部を下げて、閉止されていた空気の流れを急に開放します。そうすることによって、空気圧が急に下がり、空気が破裂するような小さな音が出ます。もちろん、この時に声帯は振動していません。
　このようにして、/k/という子音の音の調音の仕組みを実際に分析することによって、この音が、(1) 軟口蓋という調音するための場所で、(2) 空気の流れを閉止した後、すぐに開放する調音の方法により、(3) 声帯を震わせないで、という3つの調音のためのポイントに基づいて作り出されていることが理解できるはずです。
　以上のことから、子音を個々の音に整理・分類して表示するためには、それぞれの音について、(1) 調音する場所（空気の流れを妨害する場所）、(2) 調音する方法（空気の流れを妨害する方法）、(3) 有声音か無声音か（声帯の振動の

有無）の3つのポイントから考え、分類されたそれぞれの音に発音記号（表音文字）を割り当てて表示する手法を用いることになります。

そして、次の図I-7のように、実際に子音を分類し表示するために使われている表では、縦方向の欄の上下に、同じ場所で調音される音を表示し、横方向の欄の左右に、同じ方法で調音される音をそれぞれ表示します。また、子音には、同じ場所と方法で調音される音でも、声帯の振動の有無によって、有声音と無声音の2種類の音が存在することもありますので、それら2種類の音を別々に表示する必要があります。このため、表の縦の欄（調音の場所）と横の欄（調音の方法）が交わる1つの枠内で、無声音を左側（または上側）に、有声音を右側（または下側）に表示することになっています。

図I-7 子音を表示するための表の概念

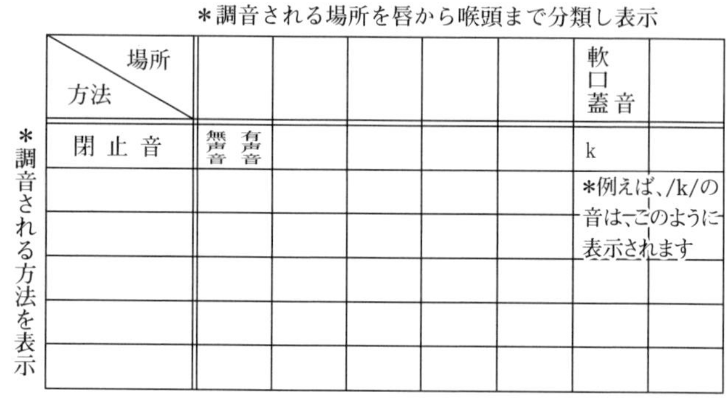

*調音される場所を唇から喉頭まで分類し表示

方法＼場所					軟口蓋音	
閉止音	無声音	有声音			k	
					*例えば、/k/の音はこのように表示されます	

*調音される方法を表示

4.2 言語音声を表示するための発音記号（表音文字）

人間の音声は、4.1 で説明したような手法で整理・分類されて、個々の音として表示されますが、それぞれの音に割り当てられる**発音記号**（表音文字/phonetic symbol）としては、実際に、各言語の中で使われている文章を書くための文字（文章文字）をそのまま使うことは不可能です。

その理由として、まず、世界の各言語で使われている文章文字は、それぞれ

の言語でまったく違いますので、前述した音の組合せとその意味との関係の場合とまったく同様に、その言語の文字表現の取決めについて知らない人は、その文字をどのように発音するかについて理解できません。

また、それぞれの文章文字が、個々の音を表しているとは限らない場合もあります。例えば、日本語の「き」という文字は、/k/と/i/の連続した2つの音として発音されることは、前にも触れた通りです。また、英語の語である'this'や'she'に見られる2つの文字の組合せ（アンダーライン部分）は、実際には、それぞれ1つの子音の音として発音されます。第Ⅳ章で、詳しく説明しますが、英語では、このほかに、文章文字の綴りとその発音が大きく違う場合が非常に多いのです。

これらの理由も含めて、人間の言語音声を表示するためには、世界の各言語に対応した国際的な発音記号（表音文字）の使用に関する取決めが必要であると考えられてきました。そして、このことを実現するために設置されたのが、国際音声学協会（International Phonetic Association）で、この協会が提唱する国際的な言語音声を表現するための記号は、⑼ 国際音声字母（International Phonetic Alphabet）といわれ、一般的には、その頭文字からIPA記号と呼ばれます。

このIPA記号は、世界中の言語で使われる音を表示できるようにと考えて作られていますので、使われている記号は多種多様で、一般の人にとっては、見かけたことのないような記号も多数含まれています。また、言語音声の整理・分類・表示についても、全部の言語に対応できるようにと、非常に細かい区分に基づいて表が作成されていますので、一般向けのものとはいえません。そして、私達が実際に英語の辞書などで見かける発音記号は、このIPA記号に基づいて、英語の個々の音を一般の人にとっても分かりやすく表現するために、音声学者達や編集者達が、それぞれに必要な修整を加えて独自に考え出したものであり、すべての辞書や書物でまったく同じ発音記号が使われている訳ではあ

⑼ 国際音声字母は、この協会の発祥の地がイギリスであったために、英語アルファベットを基に考えられています。

りません。

　以上のことから、私達が英語で使われる個々の音について知り、日本語のそれらと比較しようとする場合には、このIPA記号と前述の整理・分類方法を基にして、各言語について、母音と子音を表示するための表をそれぞれ作成して考えていきます。

　次の第Ⅱ章では、本書の主テーマである、英語を学習する日本人のために、英語の個々の母音と子音を分類し表示するための表を作成したうえで、日本語のそれらとを比較しながら、正しく英語の音を調音するポイントについて考えていきます。

Ⅱ 英語の音声の発音ポイント

1 英語と日本語の母音の比較

1.1 英語の母音表の作成

1.1.1 英語の母音の種類（数）

　第Ⅰ章の4.1.1で、人間が共鳴現象を利用して作り出す、母音の調音の仕組みを解析し、その整理・分類と表示の仕方についての基本概念を考えてみました。そして、ここでは、その基本概念を、実際に英語の母音に適用して、英語の母音表を作成し、英語の母音の発音のポイントについて客観的に理解してみることにします。

　まず、実際に英語の発音に使われている母音の種類（数）を知るために、英語の語彙の中から、異なる母音の発音を含む語を拾い出してみます。そして、それぞれの語における下線部の母音の発音を表すための発音記号（表音文字）を、IPA記号および日本の [10] 英語辞書に使われて記号を基に、次の通りに表示してみます。なお、例として使っているいずれの語の下線部の発音についても、アメリカ英語の発音を基にしています。

① 　／ i ／：　beet, believe, eat, key, people
② 　／ ɪ ／：　been, hit, insect, kid, pin

[10] 英語辞書で使われている発音記号は、辞書の編集者によって、多少違っています。例えば、アメリカのウェブスター（Noah Webster, 1758-1843）によって編集された辞書では、他とは大幅に違った発音記号が使われています。

③　(11)/ e /:　 <u>a</u>te, <u>ei</u>ght, gr<u>ea</u>t, p<u>ay</u>, r<u>ai</u>n
④　　/ ε /:　 b<u>e</u>d, b<u>u</u>ry, d<u>ea</u>th, fr<u>ie</u>nd, g<u>ue</u>st
⑤　　/ æ /:　 <u>a</u>ction, b<u>a</u>d, c<u>a</u>mera, l<u>au</u>gh, m<u>a</u>d
⑥　　/ ʌ /:　 am<u>o</u>ng, bl<u>oo</u>d, d<u>oe</u>s, s<u>u</u>n, t<u>ou</u>ch
⑦　　/ ɑ /:　 h<u>o</u>t, kn<u>o</u>wledge, q<u>u</u>ality, sh<u>o</u>p, y<u>a</u>cht
⑧　　/ ɔ /:　 abr<u>oa</u>d, b<u>a</u>ll, c<u>au</u>ght, s<u>aw</u>, th<u>ou</u>ght
⑨　(12)/ o /:　 b<u>oa</u>t, g<u>o</u>, sh<u>ow</u>, th<u>ou</u>gh, t<u>oe</u>
⑩　　/ ʊ /:　 c<u>oo</u>k, c<u>ou</u>ld, f<u>oo</u>t, p<u>u</u>t, w<u>o</u>man
⑪　　/ u /:　 f<u>oo</u>d, m<u>o</u>ve, sh<u>oe</u>, thr<u>ew</u>, tw<u>o</u>
⑫　　/ ə /:　 <u>a</u>lone, en<u>e</u>rgy, fam<u>ou</u>s, s<u>u</u>pport, t<u>o</u>night

このようにして、英語（アメリカ英語）の母音の種類（数）を拾い出してみますと、全部で12種類（個）あることが分かります。そして、これらの母音の音以外にも、イギリス英語で発音される/ɒ/と表示される母音がありますが、この音は上のアメリカ英語の母音/ɑ/より、舌の位置がほんの少し上方の後ろ寄りで発音され、アメリカ英語では一般的には使われません。

また、例えば、'high'という語の下線部の発音/aɪ/で使われる、/a/と表示される母音もありますが、この音は、母音/ɑ/のすぐ後ろに続き、前寄りの舌の位置で発音される母音/ɪ/の影響で、/ɑ/より少しだけ前寄りの舌の位置で発音されるようになった音です。

そして、英語は、話される地域によっても母音の発音が違う場合もあり、英語全体として使われる母音の数は12個よりもさらに多いことが知られています。

しかしながら、上で述べた2つの母音の音は、ここで英語の母音として分類

(11) /e/は重母音として発音されますので、辞書などでは、/eɪ/のような重母音の発音表示が一般的に使われています。しかし、この母音は舌が/ε/の位置から、すぐ上方の/ɪ/の位置へ移動しながら発音される音であるために、他の重母音の舌の動きとは異なります。このため、本書では、あえて重母音の発音表示を使いません。
(12) /o/は、/e/の場合と同様に、辞書などでは/oʊ/のような重母音の発音表示が一般的に使われています。しかし、この母音は舌が/ɔ/の位置から、すぐ上方の/ʊ/の位置へ移動しながら発音される音であるために、本書では、重母音の発音表示を使いません。

した12個の音の亜種であると考えられますし、特定の地域で使われる母音の音についても、標準的なものではありませんので、(13) 本書の中では、それらを、英語の母音表に表示する音としては取り扱いません。

1.1.2　英語の母音の調音

それでは、英語で使われるそれらの基本的な12個の母音について、その調音の重要なポイントである、舌の中心部の口腔内での相対的な位置について考えてみます。母音の発音をする際に、舌は大変に微妙な動きをしますが、それぞれの音を発音する時の舌の中心部の相対的位置は、口腔内でほぼ次の位置にあることが、各種の (14) データによって確認されています。

① 　/i/：　舌に力が入り、舌は前方の非常に高い位置で、唇は横に広い形
② 　/ɪ/：　舌の力は少し抜かれ、舌は/i/よりも、やや後方で、やや下方の位置
③ 　/e/：　舌は前方で、/ɪ/よりも、少し下方の真中より少し高い位置
④ 　/ε/：　舌は前方で、/e/よりも、少し下方の真中より少し低い位置
⑤ 　/æ/：　顎がさらに下がり、舌は前方で、/ε/よりも、さらに下方の非常に低い位置
⑥ 　/ʌ/：　舌は下がったままで、/æ/よりも、後方のほぼ中央の位置

---

(13) 音声学や英語学の専門書では、それらの音は、独立した母音の音として取り扱われている場合も多く見かけられます。また、2つの母音の音が連続して、あたかも1つの音のように発音される重母音（diphthong）についても、母音表に表示されている場合が多いのですが、それらも、基本的には、単音の調音の方法に基づいた組合せであると考えられますので、本書では表示しません。

(14) 例えば、アメリカの音声学者ピーター・ラディフォージド（Peter Ladefoged）の著書「A Course in Phonetics（1975）」では、母音発音時の舌の位置について、X線写真の解析データが紹介されています。

⑦　/ɑ/:　舌は下がったままで、/ʌ/よりも、さらに後方で、非常に低い位置

⑧　/ɔ/:　舌は後方で、/ɑ/よりも、少し上方の真中より少し低い位置

⑨　/o/:　舌は後方で、/ɔ/よりも、少し上方の真中より少し高い位置

⑩　/ʊ/:　舌に少し力が入り、舌は後方で、/o/よりも、少し上方の位置

⑪　/u/:　舌に力が入り、舌は後方で、/ʊ/よりも、少し上方の高い位置で、唇は円形

⑫　/ə/:　舌の力は抜かれ、舌はリラックスした口腔のほぼ中央で、真中の位置

　以上の舌の位置に関するデータを基に、①から⑫の英語の母音の音を順番に発音しますと、次の図Ⅱ-1のように、舌の位置の動きは、口腔内の前方の上方から次第に下がり、そのまま後方に移動した後、次は、徐々に上がっていき、最後に舌の力が抜けてリラックスした状態でほぼ中央、真中の位置にきます。実際に、舌を、その図が示すように動かして、音が変化していくことを自分で体験し、実感してみてください。そして、このような英語の12個の母音の音を正しく発音するためには、日本語の母音の発音をする場合よりも、さらにもっと舌の動きを大きくする必要があることもよく理解していただけることと思います。

　　　　図Ⅱ-1　英語の母音（①〜⑫）を発音する時の舌の動き

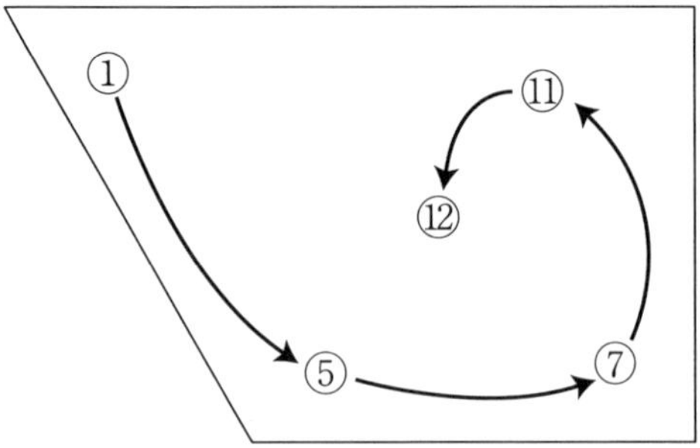

1.1.3 英語の母音表

次に、これら①から⑫の英語の個々の母音を実際に、Ⅰ-4.1.1で紹介した母音を表すための表の概念図に基づいて、それぞれの舌の相対的位置を基準に表示してみると、次の表Ⅱ-1のようになります。

そして、このようにして作成された英語の母音表から、私達は、それら12個の英語の母音の音を発音をする場合に、それぞれ口腔内のどの位置に舌の中心部を置けばよいかということを、客観的に理解することができます。

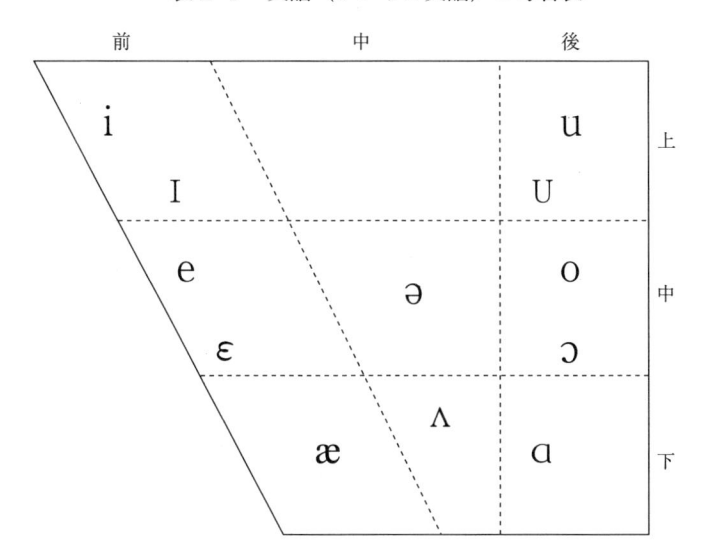

表Ⅱ-1　英語（アメリカ英語）の母音表

	前	中	後	
	i		u	上
	I		U	
	e		o	中
	ɛ	ə	ɔ	
		ʌ		
	æ		ɑ	下

1.2　日本語の母音表の作成

1.2.1　日本語の母音の種類（数）

英語の母音の場合と同様に、日本語の母音についての発音のポイントを客観

的に理解するために、日本語の母音表を作成してみます。

　まず、日本語で使われる5種類（個）の母音の発音をそれぞれ含む語を考え、その語中に含まれる個々の音を知るために、ローマ字表記にしてみます。そして、それぞれの語における下線部の母音の発音を表すための[15]記号を付けて、次のように表示してみます。

　　i　：　<u>い</u>ぬ（<u>i</u>nu）
　　e　：　<u>え</u>き（<u>e</u>ki）
　　a　：　<u>あ</u>き（<u>a</u>ki）
　　o　：　<u>お</u>と（<u>o</u>to）
　　u　：　<u>う</u>ま（<u>u</u>ma）

1.2.2　日本語の母音の調音

　次に、英語の場合と同様に、それら5個の母音が調音される際の舌の中心部の相対的位置について、それぞれ考えてみます。ただし、日本語の母音の数は5個しかないため、舌の位置を特定することは、英語の場合に比べてはるかに容易です。

　　i　：　舌に少し力が入り、前方で、高い位置
　　e　：　舌は前方で、iとaの中間位の位置
　　a　：　舌はさらに下がり、ほぼ中央位の位置
　　o　：　舌は後方で、aとuの中間位の位置
　　u　：　舌は後方で、高い位置にあるが、[16]唇は円形とは限らない

[15] 日本語の母音の表示には、英語のアルファベットの5つの母音字（母音として発音される文字）、a,e,i,o,uをそのまま使います。これは、日本語で「あいうえお」と表示したのでは国際的に理解されないためで、英語の母音の表示に使われる同様の発音記号（/ /を使用）とは区別してください。日本語の母音の表示と英語の母音の発音記号による表示とを混同しないように、ここでは/ /を使った表示をしません。
[16] もし、「う(u)」が唇を円形にしないで発音される場合には、円形で発音される通常の母音/u/と区別するために、IPA記号に基づいて/ɯ/と表示されることもあります。

1.2.3　日本語の母音表

そして、これら日本語の5個の母音の音を、英語の場合と同様に、舌の位置に基づいて、母音を表すための表にそれぞれ表示してみると、次の表Ⅱ-2のようになります。

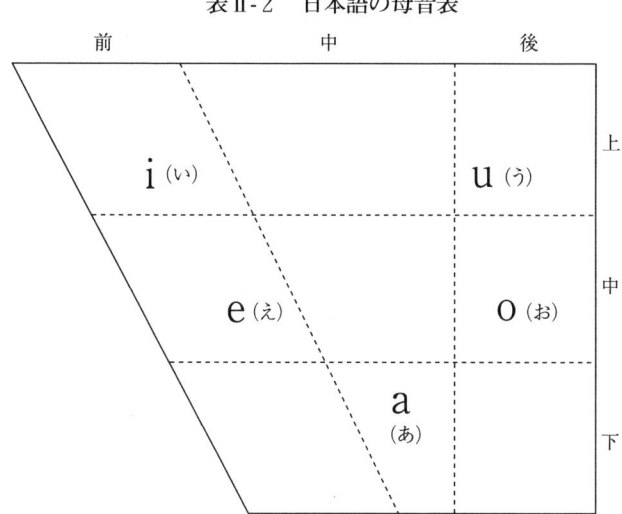

表Ⅱ-2　日本語の母音表

	前	中	後	
		i (い)		u (う)	上
		e (え)		o (お)	中
			a (あ)		下

1.3.　英語と日本語の母音の比較

作成された英語の母音表（表Ⅱ-1）と日本語の母音表（表Ⅱ-2）を比較してみると、これら2つの言語の母音構造が大きく違っているということが分かります。

まず、英語の各母音は、舌の動きを基に作られた母音表の中で、逆さ台形の四隅に向かって広く散らばる形で表示されます。一方、日本語の各母音は、母音表の中で、中央寄りにあまり散らばることなく表示されます。このことは、

口があまり大きく開けられることなく話される日本語の特徴をよく表しているといえます。

次に、これら2つの母音表から、表示される母音の数が大きく違うことが分かります。英語では、基本的に12個の母音が使われていますが、日本語ではその半分にも満たない数の5個の母音しか使われていません。このために、日本語の母音は、英語のある2つの母音の中間的な舌の位置で曖昧に発音される場合が多いのです。

このことを検証するために、実際に、日本語の5個の母音が発音される際のそれぞれの舌の位置を基準にして、それらと英語の12個の母音が発音される時の舌の位置との関係を、2つの母音表を対比させながら比較してみます。

（1）日本語の「い(i)」の発音

日本語の「い(i)」は、舌が英語の①/i/と②/ɪ/の中間位の位置で、どちらかというと、②/ɪ/に近い位置で、あまり舌に力を入れることなく発音されます。一方、英語の①/i/は、日本語の「い」より、舌に力を入れて、舌をより前方のより高い位置に持っていき、唇も、より横に広げた形で、緊張させて発音されます。

（2）日本語の「え(e)」の発音

日本語の「え(e)」は、舌が英語の③/e/と④/ɛ/の中間位の位置で、どちらかというと、④/ɛ/に近い位置で発音されます。

（3）日本語の「あ(a)」の発音

日本語の「あ(a)」は、舌が英語の⑤/æ/や⑦/ɑ/と同様に、相対的には低い位置ですが、英語のそれらの音より、より高い位置で発音されます。また、日本語の「あ」は、英語のそれら2つの母音が発音される際の舌の位置の中間あたりを前後に移動しながら発音されます。

このような舌の位置関係から、日本語の「あ」の発音に一番近い英語の母音の音は⑥/ʌ/ということになります。

そして、英語の⑤/æ/は、日本語の「あ」より、舌をさらに前方の、さらに低い位置に置き、口の中がはっきりと見える程に顎を下げて発音されます。一方、英語の⑦/ɑ/は、日本語の「お」より、舌をさらに後方の、さらに低い位置に置いて発音されます。
　また、英語の⑫/ə/は、舌が一番リラックスし、力を抜いた状態にあり、口腔内のほぼ中央、真中の位置で、日本語の「あ」より、さらに高い位置で発音されます。そして、英語の母音表では、この⑫/ə/を中心に、他の母音が円を描いて周りを取り巻くように存在していますので、この母音の発音は、他のどの母音の発音に近いとも一概に言えません。このために、この母音⑫/ə/は、一般的に、**曖昧**（あいまい）**母音**（schwa）と呼ばれることがあります。

（4）日本語の「お(o)」の発音
　日本語の「お(o)」は、舌が英語の⑧/ɔ/に近い位置ですが、英語のその音より、やや高い位置で発音されます。一方、英語の⑨/o/は、舌が日本語の「お」より、もっと高い位置で発音されます。

（5）日本語の「う(u)」の発音
　日本語の「う(u)」は、舌が英語の⑩/ʊ/とほぼ同じ高さの位置ですが、英語のその音より、より前方の位置で発音されます。また、日本語の「う」は、英語のその音と違って、唇が常に丸い形で発音されるのではなく、やや横広がりに開いた形で発音される場合もあります。一方、英語の⑪/u/は、日本語の「う」より、舌をより後方の、より高い位置に持っていき、唇も、より丸く小さい形で、緊張させて発音されます。

　以上、英語と日本語の母音について、最も基本的である、舌の位置を基準とした調音の面から分類・表示して比較しましたが、母音が発音される時間の長さを基準に、**長母音**（long vowel）と**短母音**（short vowel）に分類したり、発音の際の舌の緊張度から、**緊張母音**（tense vowel）と**弛緩母音**（lax vowel）に分類したり、また、唇の形から**円唇母音**（rounded vowel）と**非円唇母音**

(unrounded vowel）とに分類したりして比較を行う手法を用いることもあります。

このようにして、英語の母音表と日本語の母音表を比較してみることで、私達は、英語の母音と日本語の母音の仕組みの違いを客観的に認識することができるようになると思います。そして、それと同時に、日本人の英語学習者が抱える発音上の問題の一部を理解することにより、日本人が英語の母音をより上手に発音するためには、口をもっと大きく動かすとともに、舌の前後および上下の動きを、さらにもっと大きくするための訓練が必要であることに気付かれたと思います。

2 英語と日本語の子音の比較

2.1 英語の子音表の作成

2.1.1 英語の子音の種類（数）

第Ⅰ章の4.1.2で、人間が空気の流れを基本的に妨害することによって作り出す、子音の調音の仕組みを解析し、その整理・分類と表示の仕方についての基本概念を考えてみました。そして、ここでは、その基本概念を、実際に英語の子音に適用して、英語の子音表を作成し、英語の子音の発音のポイントについて客観的に理解をしてみることにします。

まず、英語の語彙の中から、異なる子音の発音を含む語を拾い出し、実際の英語の発音に使われている子音の種類（数）を特定してみます。そして、それぞれの語における下線部の子音の発音を表すための発音記号（表音記号）を、IPA記号および英語辞書に使われている記号を基に、次の通りに表示してみます。

なお、子音の表示に使われている発音記号については、母音の場合に比べて、各辞書間での大きな違いはほとんどありません。また、子音は妨害される場所と方法によって明確に分類されるため、母音を表示する際に用いた、各母音に

対しての番号付けのような工夫は必要ありません。

/ p /:	a**pp**le, ha**pp**y, hi**cc**ough (hi**cc**up), s**p**eak, sto**p**
/ b /:	**b**ook, bu**bb**le, jo**b**, mem**b**er, ta**b**
/ m /:	a**m**, bo**m**b, co**m**e, **m**any, su**mm**er
/ w /:	eq**u**al, lang**u**age, pers**u**ade, s**w**itch, **w**atch
/ f /:	co**ff**ee, cou**gh**, **f**ish, i**f**, **ph**one
/ v /:	dri**v**e, mo**v**ie, ri**v**al, Step**h**en, **v**oice
/ θ /:	fif**th**, ma**th**ematics, mou**th**, **th**ink, **th**ree
/ ð /:	ba**the**, clo**the**, ei**th**er, mo**th**er, **th**em
/ t /:	ha**t**, li**tt**le, **Th**omas, **t**op, walk**ed**
/ d /:	**d**ay, liv**ed**, mi**dd**le, sa**d**, sen**d**er
/ s /:	**c**ity, ki**ss**, mi**s**t, **p**sychology, **s**cent
/ z /:	de**s**ign, ja**zz**, la**z**y, **X**erox, **z**ero
/ n /:	ca**n**, di**nn**er, **kn**ow, **n**ot, pi**n**
/ l /:	a**ll**, fee**l**, **l**ook, **p**lace, sing**l**e
/ r /:	a**r**ise, me**rr**y, **rh**ythm, **r**ice, st**r**eet
/ ʃ /:	ca**sh**, ma**ch**ine, mi**ss**ion, na**ti**on, pre**ci**ous
/ ʒ /:	ca**s**ual, deci**s**ion, occa**si**onal, **r**ouge, sei**z**ure
/ tʃ /:	ca**tch**, **ch**urch, ki**tch**en, na**t**ure, rea**ch**
/ dʒ /:	a**dj**ust, gen**t**le, ju**dg**e, re**g**ion, sol**d**ier
/ j /:	f**eu**dal, opin**i**on, **y**ear, **y**es, **y**ou
/ k /:	**c**at, **ch**aracter, eti**qu**ette, e**x**cite, **k**i**ck**
/ g /:	a**g**ree, be**gg**ar, do**g**, **gh**ost, lea**gu**e
/ ŋ /:	lo**ng**, si**ng**, thi**n**k, u**n**cle, you**ng**
/ h /:	be**h**ind, **h**ate, **h**ouse, **wh**ole, **wh**ose

このようにして、母音の場合と同様に、英語で使われる子音の種類（数）を拾い出してみますと、全部で24種類（個）あることが分かります。また、これ

らの子音の音以外に、ある特定の地域で使われたり、特定の条件でしか使われない子音 [17] /ʔ/ などがありますが、それらは一般的に使われる英語の子音の音ではありませんので、本書では英語の子音表に表示する音としての取り扱いはしません。

2.1.2 英語の子音の調音

それでは、次に、このようにして拾い出した24個の英語の子音に関して、Ⅰ-4.1.2で紹介した、子音を整理・分類し表示するための３つのポイント、（１）調音する場所（２）調音する方法（３）声帯の振動の有無から、実際に考えていきます。

その手順としては、それら24個のそれぞれの子音が発音される際に使用される調音器官（または、組織）とその場所を基準にして、その部分で使われる調音の方法、そして、声帯の振動の有無についてそれぞれ考えてみます。各子音の調音の説明が理解しやすいように、図が挿入されていますので、それを参考にして考えてみてください。

また、この方法によって分類された各子音の音には、カッコ内に示すような名称がそれぞれ付けられています。

2.1.2.1　上下の唇を使って発音する子音（**両唇音**/bilabial）

2.1.1で拾い出した24個の子音の内、/p/、/b/、/m/、/w/の音は、すべて両方の唇を使い、何らの方法で肺からの空気の流れを妨害して発音されます。

---

[17] /ʔ/ は、例えば、'bottle' という語の下線部の発音に一部の地域で使われたり、'no' という意味で使用する 'uh-uh' という語の発音の中で使われたりします。

Ⅱ 英語の音声の発音ポイント 35

・/p/, /b/（**閉止音 / stop**）

図Ⅱ-2

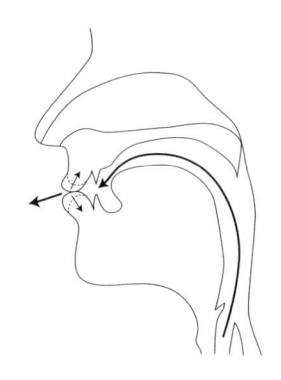

これらの子音の発音では、口蓋の後ろ部分の軟口蓋が上がっているので、肺からの空気は口腔内に流れることができます。そして、上下の唇を完全に閉じて、空気を口腔内で軽く圧縮させます。この状態で、唇を開けると、口腔内の空気は軽い破裂音を出しながら口の外に出ていきます。この時に、声帯を振動させずに発せられる音が/p/です。また、一方、この際に、声帯を振動させると、/b/の音が発せられます。（図Ⅱ-2）

・/m/（**鼻音 / nasal**）

図Ⅱ-3

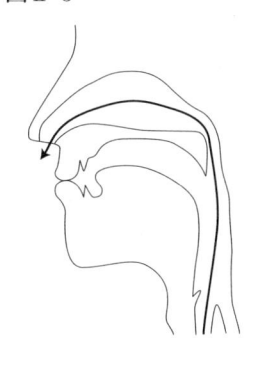

この子音の発音では、口蓋の後ろ部分の軟口蓋が下がっているので、肺からの空気は鼻腔内に流れることができます。そして、上下の唇を完全に閉じて、口腔内の空気の流れを完全に閉止します。この状態で、空気はすべて鼻腔を通って、鼻から体外に出ていきます。この時に、声帯を振動させると/m/の音が発せられます。
（図Ⅱ-3）

・/w/（**接近音 / approximant**）

　この子音の発音では、肺からの空気は口腔内に流れることができます。そして、上下の唇をやや丸みを帯びた形で互いに接近させ、それと同時に、舌の後ろ部分も軟口蓋の方に盛り上げるように接近させます。この状態では、空気の流れは、この隙間を少し通過し難くなっていますが、摩擦音が出るほどに両唇

図Ⅱ-4

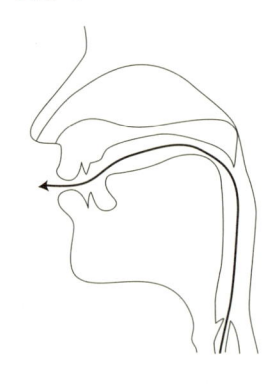

は接近していません。この時に、声帯を振動させると/w/の音が発せられます。

　この音の調音では、舌の後部が軟口蓋に向かって盛り上がり、空気の流れがある程度妨害されますが、舌が母音の/u/の位置に比較的近く、後方の高い位置にあり、軽い共鳴現象が起こります。このために、この音は母音に似ていることから、**半母音**(semi-vowel)とも呼ばれます。
（図Ⅱ-4）

2.1.2.2　上歯と下唇を使って発音する子音（**唇歯音**/labiodental）

2.1.1で拾い出した24個の子音の内、/f/と/v/の音は、上の歯と下唇を使い、肺からの空気の流れを妨害して発音されます。

・/f/, /v/（**摩擦音**/ fricative ）　＊日本語には存在しない子音

図Ⅱ-5

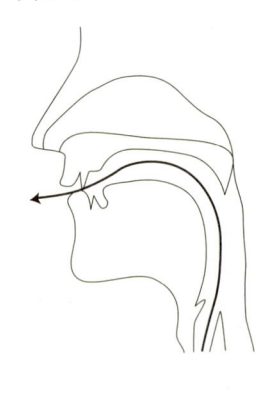

　これらの子音の発音では、肺からの空気は口腔内に流れることができます。そして、上の歯を下唇に軽く触れる程度に近づけて、空気の流れがこの狭い部分を非常に通過し難いようにします。この状態で、空気がこの隙間を通過すると、人間の耳につきやすい、空気の擦れ合う音が発生します。この時に、声帯を振動させずに発せられる音が/f/です。また、一方、この摩擦音が出る際に、声帯を振動させると、/v/の音が発せられます。
（図Ⅱ-5）

2.1.2.3　上下の歯と舌先を使って発音する子音（**歯間音**/interdental）

2.1.1で拾い出した24個の子音の内、/θ/と/ð/の音は、上下の前歯と舌の先端を使い、肺からの空気の流れを妨害して発音されます。

・/θ/, /ð/（**摩擦音**/ fircative ）　＊日本語には存在しない子音

図Ⅱ-6

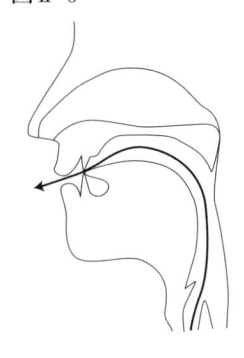

これらの子音の発音では、肺からの空気は口腔内に流れることができます。そして、上の歯と下の歯を互いに軽く触れ合う程度に接近させ、この前歯の合わせ目に、舌の先端を軽く触れる程度に近づけて、空気の流れがこの狭い部分を非常に通過し難いようにします。この状態で、空気がこの隙間を通過すると、人間の耳につきやすい、空気の擦れ合う音が発生します。この時に、声帯を振動させずに発せられる音が/θ/です。また、一方、この摩擦音が出る際に、声帯を振動させると、/ð/の音が発せられます。（図Ⅱ-6）

日本では、これらの2つの音の調音の仕方について、しばしば上下の歯の間に舌先を入れて行うと教えられますが、英語を母国語とする人が通常の会話で、このような調音の方式を使うことは非常に稀です。

2.1.2.4　歯茎と舌先を使って発音する子音（**歯茎音**/alveolar）

2.1.1で拾い出した24個の子音の内、/t/、/d/、/s/、/z/、/n/、/l/、/r/の音は、すべて上の前歯の付け根から約1cm位後ろにある歯茎と呼ばれる角張った部分と、舌先、または、その附近を使い、何らかの方法で肺からの空気の流れを妨害して発音されます。

そして、英語では、この部分は、一番多くの種類の子音が調音される場所です。

・/ t /, / d /（**閉止音**/ stop ）

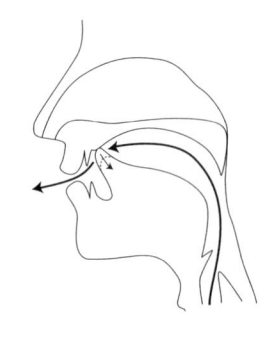

図Ⅱ-7　　　　　　　　　これらの子音の発音では、肺からの空気は口腔内に流れることができます。そして、舌先を歯茎の角張った部分にくっつけて、空気を口腔内で軽く圧縮させます。この状態で、舌先を下げると、口腔内の空気は軽い破裂音を出しながら口の外に出ていきます。この時に、声帯を振動させずに発せられる音が/t/です。また、一方、この際に、声帯を振動させると、/d/の音が発せられます。（図Ⅱ-7）

・/ s /, / z /（**摩擦音**/ fricative ）

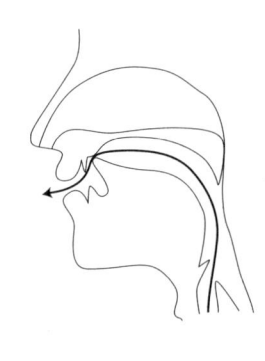

図Ⅱ-8　　　　　　　　　これらの子音の発音では、肺からの空気は口腔内に流れることができます。そして、舌先を歯茎の角張った部分に軽く触れる程度に近づけて、空気の流れがこの狭い部分を非常に通過し難いようにします。この状態で、空気がこの隙間を通過すると、人間の耳につきやすい、空気の擦れ合う音が発生します。この時に、声帯を振動させずに発せられる音が/s/です。また、一方、この摩擦音が出る際に、声帯を振動させると、/z/の音が発せられます。（図Ⅱ-8）

・/ n /（**鼻音**/ nasal ）

　この子音の発音では、口蓋の後ろ部分の軟口蓋が下がっているので、肺から

図Ⅱ-9

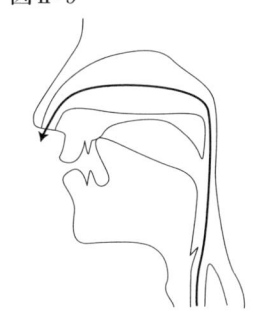

の空気は鼻腔内に流れることができます。そして、舌先を歯茎の角張った部分にくっつけて、口腔内の空気の流れを完全に閉止します。この状態で、空気はすべて鼻腔を通って、鼻から体外に出ていきます。この時に、声帯が振動させると/n/の音が発せられます。(図Ⅱ-9)

・/l/（**側音**/ lateral）　＊日本語には存在しない子音

図Ⅱ-10

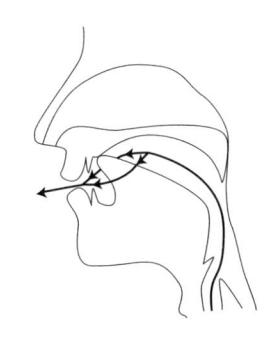

　この子音の発音では、肺からの空気は口腔内に流れることができます。そして、舌の先端を歯茎の角張った部分にくっつけて、舌を細長い形にします。この状態では、空気の流れは、その細長くなった舌の両側（両端）をあまり妨害を受けることなく通過することができます。この時に、声帯を振動させると/l/の音が発せられます。

　この音は、細長くなった舌の縦方向の形によっても、音色が変わります。通常では、舌の中央部がやや盛り上がった形で発音され、その音は「明るい/l/」と呼ばれます。(図Ⅱ-10)

図Ⅱ-11

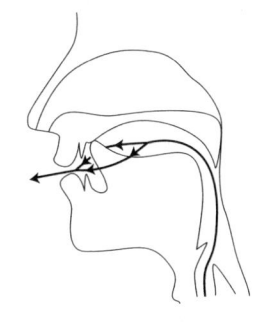

　また、/l/の音は、語の中での位置により、舌の後ろ部分が、軟口蓋の方に盛り上がった形で発音されることもあります。この際、何かこもった感じの音になりますので、「暗い/l/」と呼ばれ、この音の発音記号に付加的な記号（音声学では分音符号といいます）を付けて、[18][ɫ]と表示されることもあります。(図Ⅱ-11)

そして、この音の調音では、舌の両端と口腔壁との間の距離がかなりあるため、

共鳴現象も軽く起こりますが、一般的には、この音は半母音とは呼ばれません。

・/ r /（**接近音**/ approximant） ＊日本語には存在しない子音

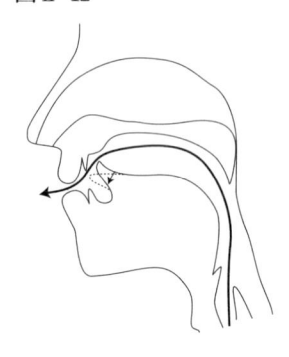

図Ⅱ-12　　　　　　　　　この子音の発音では、肺からの空気は口腔内に流れることができます。そして、舌先を歯茎の角張った部分に、ややそり上がった形で接近させます。この状態では、空気の流れは、そのそり上がった舌先と、歯茎の間をあまり妨害を受けることなく通過することができます。この時に、声帯を振動させると一般的な/r/の音が発せられます。

　　この音は、語の初め（語頭）と語の中（語中）で発音される場合には、そのそり上がった舌先をそのままにするか、もしくは、歯茎の部分に軽く触れさせながら前方に伸ばします。一方、語の末部（語末）で発音される場合には、舌先をほんの少し持ち上げるだけです。(図Ⅱ-12)

　また、この音の調音では、そり上がった舌先と歯茎の間を比較的自由に空気が流れることができますので、軽い共鳴現象が起こります。このため、この音は半母音とも呼ばれます。

2.1.2.5　歯茎の後ろ部分および硬口蓋と舌を使って発音する子音
　　　　　（**硬口蓋歯茎音**/palato-alveolar）

2.1.1で拾い出した24個の子音の内、/ʃ/、/ʒ/、/ tʃ/、/dʒ/の音は、すべて

---

[18] [ ] は、人間の言葉で使われる実際に発音される音の種類を分類し、表示するときに用いる記号で、より詳細な発音の仕方を示します（Ⅲ-2.2 参照))。

歯茎の角張った部分の後ろから、口蓋の前部の硬口蓋にかけての部分と、舌の前面とを使い、何らかの方法で肺からの空気の流れを妨害して発音されます。

・/ʃ/,/ʒ/（摩擦音/ fricative ）

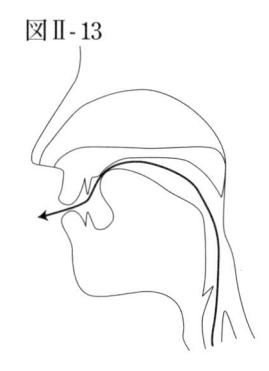

図Ⅱ-13

これらの子音の発音では、肺からの空気は口腔内に流れることができます。そして、舌の前面を、歯茎の角張った部分の後ろから上方に弧を描くように上がっていっている硬口蓋にかけての、やや幅の広い部位にかなり近づけて、空気の流れがこの狭い部分を非常に通過し難いようにします。この状態で、空気がこの隙間を通過すると、人間の耳につきやすい、空気の擦れ合う音が発生します。この時に、声帯を振動させずに発せられる音が/ʃ/です。また、一方、この摩擦音が出る際に、声帯を振動させると/ʒ/の音が発せられます。(図Ⅱ-13)

・/tʃ/,/dʒ/（破擦音/ affricate ）

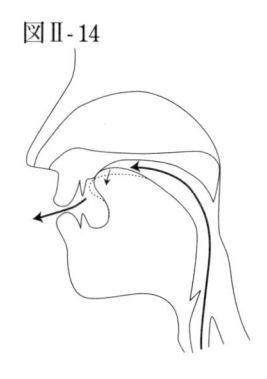

図Ⅱ-14

これらの子音の発音では、肺からの空気は口腔内に流れることができます。そして、舌先を歯茎の角張った部分にくっつけて、空気を口腔内で軽く圧縮させます。それと同時に、舌の前面の部分も硬口蓋の部位にかなり近づけて、空気の流れがこの狭い部分を非常に通り難いようにします。この状態で、舌先を下げると、口腔内の空気は軽い破裂音を出して流れ出します。そうすると、直後に空気がこの隙間を通過するため、人間の耳につきやすい、空気の擦れ合う音も発生します。このように、これらの破擦音は、閉止と摩擦の２つの妨害方法を連続して組合わせることで調音されます。この時に、声帯を振動させずに発せられる音が/tʃ/

です。また、一方、この際に、声帯を振動させると/dʒ/の音が発せられます。
(図Ⅱ-14)

2.1.2.6 硬口蓋と舌を使って発音する子音（**硬口蓋音**/ palatal ）

2.1.1で拾い出した24個の子音の内、/j/の音は、口蓋の前部の硬口蓋の附近と舌を使い、肺からの空気の流れを妨害して発音されます。

・/j/（**接近音**/ approximant ）

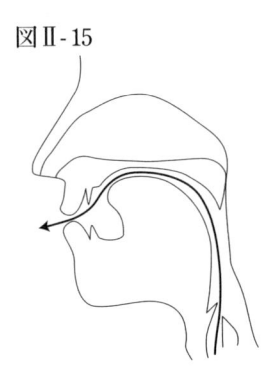

図Ⅱ-15　　　　　　　この子音の発音では、肺からの空気は口腔内に流れることができます。そして、舌の前面から真中にかけての部分を硬口蓋の後部附近に接近させます。この状態では、空気の流れは、この隙間を少し通過し難くなっていますが、摩擦音が出るほどには、互いに接近していません。この時に、声帯を振動させると/j/の音が発せられます。
(図Ⅱ-15)

この音の調音では、舌が母音の/i/の位置に比較的近く、前方の高い位置にあり、空気の流れもあまり妨害を受けず、軽い共鳴現象が起こります。このため、この音は母音に似ていることから、半母音とも呼ばれます。

2.1.2.7 軟口蓋と舌を使って発音する子音（**軟口蓋音**/ velar ）

2.1.1で拾い出した24個の子音の内、/k/、/g/、/ŋ/の音は、口蓋の後ろ部分の軟口蓋と舌の後部を使い、何らかの方法で肺からの空気の流れを妨害して発音されます。

・/k/, /g/（**閉止音**/stop）

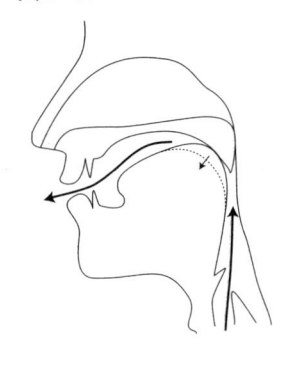

図Ⅱ-16　　　　　　　　これらの子音の発音では、肺からの空気は口腔内に流れることができます。そして、舌の後部を、後ろに盛り上げるようにして、軟口蓋にくっつけて、空気を口腔内の後部で軽く圧縮させます。この状態で、舌の後部を下げると、口腔内の空気は、軽い破裂音を出しながら口の外に出ていきます。この時に、声帯を振動させずに発せられる音が/k/です。また、一方、この際に、声帯を振動させると、/g/の音が発せられます。（図Ⅱ-16）

・/ŋ/（**鼻音**/nasal）

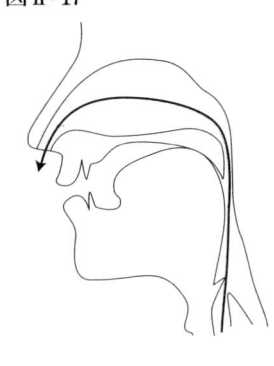

図Ⅱ-17　　　　　　　　この子音の発音では、口蓋の後ろ部分の軟口蓋が下がっているので、肺からの空気は、鼻腔内に流れることができます。そして、舌の後部を、後ろに盛り上げるようにして、軟口蓋にくっつけて、口腔内の空気の流れを完全に閉止します。この状態で、空気はすべて鼻腔を通って、鼻から体外に出ていきます。この時に、声帯を振動させると/ŋ/の音が発せられます。（図Ⅱ-17）

2.1.2.8　喉頭内の両声帯を使って発音する子音（**喉頭音**/glottal）

2.1.1で拾い出した24個の子音の内、/h/の音は、喉頭内の両方の声帯を使い、肺からの空気の流れを妨害して発音されます。

・/h/（**摩擦音**/ fricative）

図Ⅱ-18

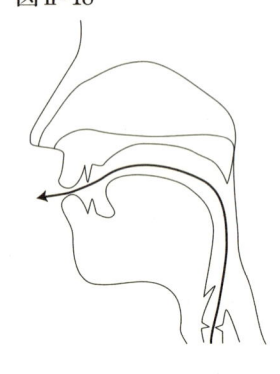

この子音の発音では、両方の声帯を互いに接近させて、肺からの空気の流れがこの狭い部分を通過し難いようにします。この状態で、空気がこの隙間を通過すると、人間の耳につきやすい、空気の擦れ合う音が発生します。この時に、声帯を振動させずに発せられる摩擦音が/h/です。

なお、英語では、この調音の方法で声帯を振動させて出す有声音は使われません。(図Ⅱ-18)

2.1.3　英語の子音表

以上のように、英語の各子音が発音される際の調音に使われる器官や組織の場所を基に、肺からの空気の流れが妨害される方法と声帯の状態について細かく考えてみました。そして、このデータを使って、24個の英語の子音を分類して表示すると、次の表Ⅱ-3で示すような英語の子音表が作成されます。

この子音表の横の欄から、英語の子音には、8カ所の調音に使用する場所（器官や組織）があり、縦の欄からは、6つの子音を調音する方法があることが分かります。

そして、同じ調音の場所と方法を用いても、さらに、声帯を振動させないか、あるいは、声帯を振動させるかを区別して発音することによって、無声音と有声音の2種類の異なる音を作り出す場合もあり、24種類（個）のそれぞれ違う英語の子音が調音されていることが理解できると思います。

表II-3　英語の子音表

方法＼場所	両唇音	唇歯音	歯間音	歯茎音	硬歯口茎蓋音	硬口蓋音	軟口蓋音	喉頭音
閉止音	p b			t d			k g	
摩擦音		f v	θ ð	s z	ʃ ʒ			h
破擦音					tʃ dʒ			
鼻音	m			n			ŋ	
側音				l				
接近音	w			r		j	(w)	

2.2　日本語の子音表の作成

2.2.1　日本語の子音の種類（数）

　英語の子音の場合と同様に、日本語の子音についての発音のポイントを客観的に理解するために、日本語の子音表を作成してみます。

　まず、日本語で使われる子音の発音をそれぞれ含む語を考え、その語中に含まれる個々の音を知るために、母音の場合と同様に、ローマ字表記にしてみます。そして、それぞれの語における下線部の子音を表すための発音記号（表音記号）を、英語の場合と同様に、IPA記号に準じて、次の通りに表示してみます。

　　/ p /　：　ぱん（pan）
　　/ b /　：　ビル（biru）
　　/ ɸ /　：　ふじ（fuji）　　＊英語には存在しない子音
　　/ β /　：　そば（soba）　　＊英語には存在しない子音
　　/ m /　：　みそ（miso）
　　/ w /　：　わた（wata）

/ t / : たい (tai)　　＊英語とは調音の場所が異なる子音
/ d / : だい (dai)　　＊英語とは調音の場所が異なる子音
/ s / : すし (sushi)　＊英語とは調音の場所が異なる子音
/ z / : ぜん (zen)　　＊英語とは調音の場所が異なる子音
/ ts / : つた (tsuta)　＊英語には単独で存在しない子音
/ dz / : すず (sudzu)　＊英語には単独で存在しない子音
/ n / : ねこ (neko)　　＊英語とは調音の場所が異なる子音
/ ɾ / : ろく (roku)　　＊一般的には、英語には存在しない子音
/ ʃ / : しろ (shiro)
/ ʒ / : じゅく (juku)
/ tʃ / : ちり (chiri)
/ dʒ / : じこ (jiko)
/ ç / : ひと (hito)　　＊英語には存在しない子音
/ j / : やま (yama)
/ k / : かき (kaki)
/ g / : げた (geta)
/ ŋ / : けが (kega)　　＊本来の標準語の発音で使われる子音
/ h / : はな (hana)

　このようにして、英語の場合と同様に、日本語で使われる子音の種類（数）を拾い出してみますと、全部で24種類（個）の子音があることが分かります。この子音の数は、偶然にも、英語の子音とまったく同じです。

　　2.2.2　日本語の子音の調音

　次に、英語の場合と同様に、このようにして拾い出した24個の日本語の子音に関して、Ⅰ-4.1.2で紹介した、子音を整理・分類し表示するための3つのポイント、（1）調音する場所（2）調音する方法（3）声帯の振動の有無から、

Ⅱ　英語の音声の発音ポイント　47

実際に考えていきます。

　その手順としては、それら24個のそれぞれの子音が発音される調音器官（または、組織）とその場所を基準にし、その部分で使われる調音の方法、そして、声帯の振動の有無についてそれぞれ考えてみます。そして、分類された各子音の音には、カッコ内に示すような名称がそれぞれ付けられています。

　なお、日本語の子音の調音については、自分の発音の仕方から確認できると思いますので、図の挿入は省略します。また、英語の子音の調音と重複する場合には、その説明を簡略化します。

2.2.2.1　上下の唇を使って発音する子音（**両唇音**/bilabial）

　2.2.1で拾い出した24個の子音のうち、/p/、/b/、/ɸ/、/β/、/m/、/w/の音は、すべて両方の唇を使い、何らかの方法で肺からの空気の流れを妨害して発音されます。

・/p/, /b/（**閉止音**/stop）

　これらの子音の調音の方法は、英語の場合とほぼ同様です。/p/の音は、パ行の子音部の発音に使われます。また、/b/の音は、基本的に、語頭にあるバ行の子音部の発音に使われるほかに、英語の/v/の発音の代わりにもしばしば使われます。

・/ɸ/, /β/（**摩擦音**/fricative）

　これらの子音の発音では、肺からの空気は口腔内に流れることができます。そして、上下の唇を互いにかなり接近させて、空気の流れがこの狭い部分を非常に通過し難いようにします。この状態で、空気がこの唇の隙間を通過すると、人間の耳につきやすい、空気の擦れ合う音が発生します。この時に、声帯を振動させずに発せられる音が/ɸ/です。また、一方、この摩擦音が出る際に、声帯を振動させると/β/の音が発せられます。

/ɸ/の音は、「ふ」の子音部の発音に使われるほかに、英語の/f/の発音の代わりにもしばしば使われます。また、/β/の音は、基本的に、語頭以外にあるバ行の子音部の発音に使われるほかに、英語の/v/の発音の代わりにもしばしば使われますが、これら2つの音は、英語には存在しません。

・/m/（**鼻音**/nasal）
　この子音の調音の方法は、英語の場合とほぼ同様です。この音は、マ行の子音部の発音に使われます。

・/w/（**接近音**/approximant）
　この子音の調音の方法は、英語の場合とほぼ同様です。この音は、「わ」の子音部の発音に使われます。

2.2.2.2　上歯と舌先を使って発音する子音（**歯音**/dental）

　2.2.1で拾い出した24個の子音の内、/t/、/d/、/s/、/z/、/ts/、/dz/、/n/の音は、日本語では、すべて上の前歯の裏と舌先を使い、何らかの方法で肺からの空気の流れを妨害して発音されます。
　英語では、これらの音の調音は、もう少し後ろにある歯茎と呼ばれる角張った部分と舌先、または、その附近を使って行われます。

・/t/, /d/（**閉止音**/stop）
　これらの子音の調音の方法は、英語の場合とほぼ同様ですが、調音の場所は上歯の部分です。これら2つの音は、「た」「て」「と」や、「だ」「で」「ど」の子音部の発音に使われます。

・/s/, /z/（**摩擦音**/fricative）
　これらの子音の調音の方法は、英語の場合とほぼ同様ですが、調音の場所は上

歯の部分です。/s/の音は、「さ」「す」「せ」「そ」の子音部の発音に使われるほかに、英語の/θ/の発音の代わりにもしばしば使われます。また、/z/の音は、「ざ」「ぜ」「ぞ」の子音部の発音に使われるほかに、英語の/ð/の発音の代わりにもしばしば使われます。

・/ ts /, / dz /（**破擦音**/affricate）

　これらの子音の発音では、肺からの空気は口腔内に流れることができます。そして、舌先を上歯の裏にくっつけて、空気を口腔内で軽く圧縮させます。それと同時に、舌の前面も上歯の付け根の附近にかなり近づけて、空気の流れがこの狭い部分を非常に通り難いようにします。この状態で、舌先を下げると、口腔内の空気は軽い破裂音を出して流れ出します。そうすると、直後に空気がこの隙間を通過するため、人間の耳につきやすい、空気の擦れ合う音も発生します。このように、これらの破擦音は、閉止と摩擦の2つの妨害方法を連続して組合わせることで調音されます。この時に、声帯を振動させずに発せられる音が/ts/です。また、一方、この際に、声帯を振動させると/dz/の音が発せられます。

　これらの2つの音は、「つ」や、「ず」（あるいは「づ」）の子音部の発音に使われますが、英語では単独の音としては存在しません。

・/ n /（**鼻音**/nasal）

　この子音の調音の方法は、英語の場合とほぼ同様ですが、調音の場所は上歯の部分です。この音は、ナ行の子音部の発音に使われます。

2.2.2.3　歯茎附近と舌先を使って発音する子音（**歯茎音**/alveolar）

　2.2.1で拾い出した24個の子音のうち、/ʃ/の音は、歯茎附近と舌先を使い、肺からの空気の流れを妨害して発音されます。

・/ɾ/（**弾音**/flap）

　この子音の調音の場所および方法については、いろいろな本で[19]様々な説明がなされていますが、ここでは、筆者自身の考察から、この音を有声歯茎弾音として分類します。

　この子音の発音では、舌先を歯茎附近に軽く1回接触させながら前に動かします。この時に、声帯を振動させると、基本的な/ɾ/の音が発せられます。もちろん、隣接する音の状況で、これ以外の調音の仕方を用いている場合もあります。

　この音は、ラ行の子音部の発音に使われるほかに、英語の/l/や/r/の発音の代わりにもしばしば使われますが、一般的には、英語には存在しません。

2.2.2.4　歯茎の後ろ部分および硬口蓋と舌を使って発音する子音
（**硬口蓋歯茎音**/palato-alveolar）

　2.2.1で拾い出した24個の子音の内、/ʃ/、/ʒ/、/ʧ/、/dʒ/の音は、英語の場合とほぼ同様に、すべて歯茎の角張った部分の後ろから、口蓋の前部の硬口蓋にかけての部分と、舌の前面とを使い、何らかの方法で肺からの空気の流れを妨害して発音されます。

・/ʃ/,/ʒ/（**摩擦音**/fricative）

　これらの子音の調音の方法は、英語の場合とほぼ同様です。これら2つの音は、「し」や、「じゅ」の子音部の発音に使われます。

・/ʧ/,/dʒ/（**破擦音**/affricate）

　これらの子音の調音の方法は、英語の場合とほぼ同様です。これら2つの音は、「ち」や、「じ」（あるいは「ぢ」）の子音部の発音に使われます。

---

[19] 例えば、この音は、舌をそらせて閉止する、そり舌閉止音であるとか、舌をそらせて舌の側面から空気を流す、そり舌側音であるというような説明も見られます。

2.2.2.5 硬口蓋と舌を使って発音する子音（**硬口蓋音**/palatal）

2.2.1で拾い出した24個の子音の内、/ç/と/j/の音は、英語の場合とほぼ同様に、口蓋の前部の硬口蓋の附近と舌を使い、何らかの方法で肺からの空気の流れを妨害して発音されます。

・/ç/（**摩擦音**/fricative）
　この子音の発音では、肺からの空気は口腔内に流れることができます。そして、舌のほぼ真中部分を硬口蓋の附近にかなり近づけて、空気の流れがこの狭い部分を非常に通過し難いようにします。この状態で、空気がこの隙間を通過すると、人間の耳につきやすい、空気の擦れ合う音が発生します。この時に、声帯を振動させずに発せられる摩擦音が/ç/です。
　この音は、「ひ」の子音部の発音に使われるほかに、英語の/h/の発音の代わりにもしばしば使われることがありますが、英語には存在しません。
　なお、日本語では、この調音の方法で声帯を振動させて出す有声音は使われません。

・/j/（**接近音**/approximant）
　この子音の調音の方法は、英語の場合とほぼ同様です。この音は、「や」「ゆ」「よ」の子音部の発音に使われます。

2.2.2.6 軟口蓋と舌を使って発音する子音（**軟口蓋音**/velar）

2.2.1で拾い出した24個の子音のうち、/k/、/g/、/ŋ/の音は、英語の場合とほぼ同様に、口蓋の後ろ部分の軟口蓋と舌の後部を使い、何らかの方法で肺からの空気の流れを妨害して発音されます。

・/k/、/g/（**閉止音**/stop）

これらの子音の調音の方法は、英語の場合とほぼ同様です。これら2つの音は、カ行や、一般的なガ行の子音部の発音に使われます。

・/ŋ/（**鼻音**/nasal）

この子音の調音の方法は、英語の場合とほぼ同様です。この音は、基本的に、本来の標準語において、語頭以外にあるガ行の子音部の発音に使われますが、最近では、/g/の音がその代わりに使われる場合が多いようです。

2.2.2.7　喉頭内の両声帯を使って発音する子音（**喉頭音**/glottal）

2.2.1で拾い出した24個の子音のうち、/h/の音は、英語の場合とほぼ同様に、喉頭内の両方の声帯を使い、肺からの空気の流れを妨害して発音されます。

・/h/（**摩擦音**/fricative）

この子音の調音の方法は、英語の場合とほぼ同様です。この音は、「は」「へ」「ほ」の子音部の発音に使われます。

なお、日本語では、英語の場合と同様に、この調音の方法で声帯を振動させて出す有声音は使われません。

2.2.3　日本語の子音表

以上のように、日本語の各子音が発音される際に調音に使われる器官や組織の場所を基に、肺からの空気の流れが妨害される方法と声帯の状態について考えてみました。そして、英語の場合と同様に、このデータを使って、24個の日本語の子音を分類して表示すると、次の表Ⅱ-4で示すような日本語の子音表が

作成されます。

　この子音表の横の欄から、日本語の子音には、7カ所の調音に使用する場所（器官や組織）があることが分かりますが、その内容は、英語の場合と多少違っています。また、縦の欄からは、英語の場合と同様に、6つの子音を調音する方法があることが分かりますが、その内容は1カ所で違っています。

　そして、英語の場合とまったく同様に、同じ調音の場所と方法を使う際でも、さらに、声帯を振動させないか、あるいは、声帯を振動させるかを区別して発音することによって、無声音と有声音の2種類の異なる音を作り出す場合もあり、24種類（個）のそれぞれ違う日本語の子音が調音されていることが理解できると思います。

表Ⅱ-4　日本語の子音表

方法＼場所	両唇音	歯音	歯茎音	硬口蓋歯茎音	硬口蓋音	軟口蓋音	喉頭音
閉止音	p b		t d			k g	
摩擦音	Φ β	s z	ʃ ʒ	ç			h
破擦音			ts dz	tʃ dʑ			
鼻音	m		n			ŋ	
弾音			ɾ				
接近音	w				j	(w)	

2.3　英語と日本語の子音の比較

　作成された英語の子音表（表Ⅱ-3）と日本語の子音表（表Ⅱ-4）を比較すると、2つの言語とも使われている子音の数は24個ですが、子音が調音される場所において、両言語でかなりの違いがあることが分かります。

　このために、日本人が英語の子音を発音する場合には、調音の仕方が似ている、つまり、音の音色も似ている日本語の子音を代用する傾向があります。こ

こでは、実際に、英語の子音の音を基にして、それらと代用される日本語の子音の音との関係を比較してみます。

（1）英語の/f/と/v/の場合
英語の/f/と/v/は、上の歯と下唇を使って発音される摩擦音ですが、日本語では、その場所を使って発音される子音はありません。
このため、多くの日本人は英語の無声唇歯摩擦音/f/を発音する際に、無声で、唇を使い、摩擦音であるという点で共通する日本語の無声両唇摩擦音/ɸ/を代用する傾向があります。また、無声で、摩擦音であるという特徴しか共有しない日本語の無声喉頭摩擦音/h/を代用する場合もありますが、この音は、音色としてはかなり異なります。
一方、英語の有声唇歯摩擦音/v/を発音する際には、有声で、唇を使うという点だけで共通する日本語の有声両唇閉止音/b/を代用する傾向があります。また、有声で、唇を使い、摩擦音であるという点で共通する有声両唇摩擦音/β/を代用する場合もあります。

（2）英語の/θ/と/ð/の場合
英語の/θ/と/ð/は、上下の歯と舌先を使って発音される摩擦音で、日本語では、その場所を使って発音される子音はありません。
このため、多くの日本人は英語の無声歯間摩擦音/θ/を発音する際に、無声で、上歯と舌先を使い、摩擦音であるという点で共通する日本語の無声歯摩擦音/s/を代用する傾向があります。これは、英語の歯茎と舌先を使って調音される無声歯茎摩擦音/s/と異なり、日本語の/s/の音は、歯と舌先を使って調音されますので、日本人は、この音を英語の歯間音に似ていると感じるからです。しかし、英語の/θ/の音は、舌の先端と鋭い歯先で調音されますので、日本語の/s/の音よりはるかに周波数の高い特徴的な摩擦音を発生させます。
一方、英語の有声歯間摩擦音/ð/を発音する際には、有声で、上歯と舌先を使い、摩擦音であるという点で共通する日本語の有声歯摩擦音/z/を代用する傾向があります。これは、上の日本語の無声歯摩擦音/s/を代用するのと同じ

理由からです。また、英語の/ð/の音を、母音の/i/や/ɪ/の前で発音する際には、日本語の有声硬口蓋歯茎破擦音/dʒ/を代用する傾向が目立ちます。これは、日本語の/dʒ/の音と母音「い (i)」の舌の位置がかなり近いためであると考えられます。

　(3) 英語の/l/と/r/の場合
　英語の/l/は、歯茎と舌先を使って発音される有声歯茎側音で、/r/は、歯茎と舌先を使って発音される有声歯茎接近音です。しかし、日本語では、その歯茎の場所と、それら2つの違った方法を使って発音される子音はありません。
　このため、多くの日本人はこれら英語の/l/や/r/の音を発音する際に、有声で、歯茎附近と舌先を使うという点だけで共通する日本語の有声歯茎弾音/ɾ/を代用する傾向が目立ちます。これは、これら英語の2つの別個の子音が音色において、日本語の/ɾ/の音と似ていると感じてしまうと同時に、日本語には存在しない音であるため、日本人には、それらの音色の違いを聞き分けることができず、同一の音として認識してしまうと考えられるからです。
　そして、この日本語の/ɾ/の音は、「日本人はシラミを食べる (Japanese eat lice.)」という冗談話があるように、どちらかというと、英語の/r/の音より、調音の方法がより近い/l/の音に音色が似ています。
　これらの英語の2つ有声歯茎音の調音の方法、つまり、側音とそり舌接近音（場合によっては、そり舌弾音）を理解し、習得することは、日本人にとって容易なことではありません。

　(4) 英語の/h/の場合
　英語の無声喉頭摩擦音/h/は、日本語にも同じ子音が存在しますので、日本人にとって、この音を発音することには何の問題もありません。
　しかしながら、この英語の/h/の音を、母音の/i/や/ɪ/の前で発音する際には、「ひ (hi)」の影響から、日本語の無声硬口蓋摩擦音/ç/を代用する傾向があります。つまり、舌を硬口蓋に近付け過ぎて、英語の/h/の音を発音してしまう日本人が多いのです。

このように、日本人が英語の子音を発音する際に、日本語の子音を代用してしまうことは、日常的によく起こる現象ですが、逆に、英語を話す人が、日本語の子音を発音する際に、英語の子音を代用することも同様に起こります。

　アメリカ人が「三菱」のことを、/mitʃIbIʃI/と発音するのを度々耳にすることがありますが、このことも、[20] 英語には、無声歯破擦音/ts/が、基本的には存在しないことを理解していれば、その理由が容易に納得できます。

　以上、英語と日本語の子音について、その調音の基本である、場所、方法、および、声帯の振動の有無の面からそれぞれの音を分類・表示し、両言語間での子音の代用による発音という現象も考えながら比較してきました。

　この第Ⅱ章では、英語の母音表と日本語の母音表、そして、英語の子音表と日本語の子音表を、それぞれ作成し、比較することで、両言語間に存在する音声面での調音の仕組みの違いを浮彫りにしました。このことによって、日本人の英語学習者が抱える英語の発音上の問題のかなりの部分について、その理由を客観的に理解することができるようになると思います。

　次の第Ⅲ章では、これらの英語の母音の音および子音の音がどのように組合わされて、語という単位を作り上げていくのかについて、日本語の場合と比較しながら考えていきます。

---

[20] 英語の場合でも、例えば、'its'や'cats'などの語の下線部のような特定状況にある語末の発音で、無声歯破擦音/ts/が使われることがありますが、語末以外の位置で使われる音（音素）ではありません。

III 英語音声の結合の仕組み

1 英語音声の語形成の仕組み

1.1 英語と日本語の語形成の仕組みの比較

　前の章では、英語や日本語などの人間の言語において、母音と子音の2種類に分類されるいろいろな音が、様々な仕組みで作り出されていることを具体的に確認しました。それでは、私達は、それらの音をどのような仕組みで組合わせて、さらに大きい単位である語を形成させているのでしょうか。英語の場合を基に、日本語の場合と比較しながら考えてみます。

　英語の場合には、母音および子音のそれぞれの音が単独で発音されても、その音が、それ自体である特定の意味を表現することは、[21] 基本的にはありません。そのため、英語の言語コミュニケーションにおいて、それらの個々の音を、単独で使用することは通常ではあり得ないことなのです。つまり、英語の場合には、それらの個々の母音や子音の音は単独では機能せず、それらの音が、互いに他の音と組合わされて、より大きい単位である音節（発音のための最小の音の組合せ単位）や形態素（意味表現のための最小の音の組合せ単位）を形成し、さらに大きい単位である語を形成することによって、初めて単独で意味を表現する機能を完全に備えることができるのです。

　一方、日本語の場合を考えてみますと、英語の場合とは、多少その仕組みが異なります。

　日本語の場合には、一部の母音の音は、それ自体で意味を表現することがあ

---

[21] この例外としては、名詞の前で発音する不定冠詞の ' a ' など、特別な場合しかありません。

ります。例えば、日本語の母音の「い（i）」が単独で発音される場合、それは「胃」「意」などのいくつかの意味を表現することができます。また、同様に、母音「う（u）」だけが発音される場合でも、「鵜」「卯」などのいくつかの意味を表現することができます。日本語に存在するこれらの例については、それぞれ単一の音（母音）が、1つの音節を形成し、さらにその単一の音節が1つの語を形成したうえで、ある特定の意味を表現していると考えていく必要があります。

しかしながら、日本語の語彙全体から考えれば、このように、単一の音だけで、ある特定の意味を表現する語が形成される例は、それほど数が多い訳ではなく、むしろ、例外的といった方がよいでしょう。

日本語の場合も、大多数の語は、英語の場合と同様に、母音と子音の音がそれぞれお互いに組合わされて、より大きい単位である音節や形態素を形成し、さらにもっと大きい単位である語を形成することにより、単独で意味表現の機能を持つようになるのです。

1.2 語を形成する音節と形態素の関係

1.1で、英語と日本語の両方とも、基本的には、母音と子音の個々の音が組合わされて、まず、音節および形態素を形成し、さらにそれらが組合わされて、語を形成していくことを確認しました。それでは、同じように音が組合わされて形成される音節と形態素は、それぞれが、どのよう仕組みで形成され、どのようにして語の形成に関わっていくのでしょうか。

このことについて、語を形成するための個々の音を組合わせる仕組みが、日本語よりはるかに複雑な英語の場合について、次の2つの英語の単語を例に使いながら考えてみます。

(1) 'sentence'

この語は、7つの音、/s//ɛ//n//t//ə//n//s/ が、その順番に組合わされて発音される場合に、ある1つの意味「文」を表します。また、この語の実

際の発音では、/sɛn/と/təns/の2つの音の組合せ単位（音節）に分けられます。

　そして、この語におけるこれらの2つの音の組合せ単位（音節）は、その語が発音される場合のみにその役割を果たしています。しかし、それらの音の組合せ単位（音節）は、それ自体が意味の表現をする役割は果たしていないのです。

　つまり、これらの2つの音の組合せ単位（音節）の場合には、それらが結合して、語という、さらに大きい単位を形成した時に、初めて意味の表現をする役割を担うようになるのです。

(2)'treeless'

　この語は、6つの音、/t//r//i//l//ɪ//s/が、その順番に組合わされて発音される場合に、「木のない」という意味を表します。また、この語の実際の発音では、/tri/と/lɪs/の2つの音の組合せ単位（音節）に分けられます。

　そして、この語における、これら2つの音の組合せ単位（音節）は、発音の際に機能する単位であると同時に、それぞれが、「木」と、「ない」という意味を表現するための単位（形態素）でもあります。

　つまり、これらの2つの音の組合せ単位の場合には、それぞれが発音に関係する単位、つまり音節であると同時に、意味を表現する単位、つまり形態素でもあるのです。そして、それらの単位は、上の(1)の場合と同様に、互いに結合して、語というさらに大きい単位を形成しているのです。

　これらの例からも分かりますように、音節は、発音の面から語の形成の仕組みを考えた場合に使われる、最小の音の組合せ単位です。

　一方、形態素は、意味表現の面から（つまり、文法上の面から）、語の形成の仕組みを考えた場合に使われる、最小の音の組合せ単位なのです。

　したがって、複数の音節から語が形成されている場合には、上の例(1)のように、それぞれの音節が単に発音に関わる機能しか持たないこともありますし、例(2)のように、発音と意味表現の両方に関わる機能を持つこともあるのです。

また、上の例 (1) の 'sentence' のように、それぞれの音節が意味表現に関する機能を持たない場合には、それらが結合して形成される語の段階で、初めて意味表現の機能を持つことになるのです。そして、この2つの音節からなる1つの語は、同時に、1つの意味を表現する単位、つまり形態素でもあるのです。
　このように、語を形成する音節と形態素の関係については、語を形成する音の組合せ単位（音節）の仕組みが単純な日本語の場合と違い、英語では、語を形成する組合せ単位について、発音の面（音節の仕組みの面）と、文法上における意味表現の面（形態素の仕組みの面）の両面より、別々に区別して考える必要があるといえるのです。
　そこで、この第Ⅲ章では、英語の語が形成される仕組みを、発音の面から考えてみます。そして、第Ⅴ章において、その仕組みを、意味表現の面から考えてみます。

1.3　発音の面から見る語の形成単位 — 音節

1.3.1　音節の定義

　音節とは、いくつかの母音や子音の個々の音がつながって形成される、発音のための最小の音の組合せ単位であることについては、既に説明した通りです。
　日本語の場合と違い、英語の語に存在する音節形成の仕組みは、多種多様な音節のパターンがあるために、実際にどのような母音や子音の音が、どのように組合わされて音節を形成しているかということについて、説明することは大変に複雑なものとなります。このため、英語の音節のそれ自体の成り立ちについては、現在までのところ、一般の人が容易に理解できるような明確な[22]学

---

[22] 例えば、音節は、それぞれの音に独自に存在する聞こえよさの度合（sonority）に基づいて形成されているという説や、発声時の肺の動きに関連して形成されているという説など、いくつかの説がこれまで発表されています。しかし、それらの説明は、すべての音節パターンについて完全に説明できるものではありません。

間的定義はできていません。

しかしながら、語を形成する時の音節が持つ役割についての基本概念を理解するためには、人間の子供における初期の言語習得の発達過程で見られる現象を考えてみれば、比較的容易であると思います。

人間の赤ん坊は、大体6カ月から9カ月位になると、「パパ (papa)」、「ママ (mama)」、「ばば (baba)」などの単純な子音と母音の音を組合わせた語を発音し始めます。これは、お乳を飲むことによって発達する唇の筋肉を使う子音である両唇音（/p/, /m/, /b/）と、舌にあまり力を入れて持ち上げなくてもよい、舌の位置が低い母音「あ (a)」を使った語の発音が赤ん坊にとって、容易であるためと考えられます。また、このように言葉を発音し始める時期に、決してそれらの両唇音の子音だけ（例えば、mmとかbbなど）を連続して発音したり、子音と母音の順を逆にした（例えば、amamとかababなど）ような発音をすることもありません。

このように、人間にとって、一番発音しやすい語を形成するための音の組合せ単位こそは、この赤ん坊が自然に使い始める、子音のあとに母音が続く音の組合せ単位（つまり音節）ではないかという結論に達しざるを得ません。

そして、このような事例から、人間は生まれながらにして自然に体得した発音をしやすくするための方法を用いて、まず、語形成のための基本的単位として、音節という音の一定の組合せパターンを設定することにより、語を形成する際に、無秩序な音の組合せが行われて、語の発音が複雑になり過ぎることを防いでいると考えられるのです。

1.3.2 英語の音節形成の仕組み

1.3.2.1 英語の音節の基本的構造

語の発音をしやすくするために存在する音節ですが、英語の場合には各音節の構造はかなり複雑であるといわざるを得ません。しかし、英語の語を形成す

る音節の基本的構造については、ある1つの共通する形体に基づいて構成されています。

それは、英語の各音節が、基本的に、その中心をなす中核音(nucleus sound)、そして、その音の前の部分と後ろの部分に、それぞれ別の音が結合された形で、3つの部分から構成されているということです。

まず、音節の中核をなす音(中核音)としては、通常は1つの母音の音か、2つの母音の音が連続的に発音される、重母音の音が使われます。そして、その中核となる音の前と後ろの部分に、通常は、1つ、または複数の子音の音が結合されます。しかし、この前後の子音の音からなる部分は、そのどちらか一方だけが、中核音に結合される場合もありますし、前後のどちらも、中核音に結合されない場合もあります。さらに、英語の各語を形成している音節の構成音の分析結果から、中核音の前後に結合される子音の音の数は、最大で、前の部分に3つまで、後ろの部分には4つまでに限られることが分っています。そして、このような複数の子音の音が連続的に結合された子音群(consonant cluster)は、英語の語を形成する各音節の中に数多く使われています。

以上のような英語の音節の基本的構造の説明について、具体的な例を使いながら、その内容をまとめますと次のようになります。なお、ここで、例として取り上げる語は、すべて1音節から形成されており、下線のある部分が音節の中核をなす音(中核音)です。

(1) 音節が中核音のみからなる場合　　　　　: I　　/aɪ/
(2) 音節が前部+中核音からなる場合　　　　: we　/wi/
(3) 音節が中核音+後部からなる場合　　　　: it　　/ɪt/
(4) 音節が前部+中核音+後部からなる場合　: sin　/sɪn/
(5) 音節が3子音+中核音+4子音の場合　　 : strengths　/strɛŋkθs/

しかしながら、英語の中には、このような基本的な音節構造に当てはまらない音節を含む語もあります。それは、音節の中核をなす部分が母音の音ではなくて、子音の音である場合があるのです。そして、このような音節の中核をな

す子音は、専門的には**成節的子音**（syllabic consonant）とか、音節主音的子音と呼ばれ、本来は中核をなす母音の音の後部に結合されて音節を形成する子音の音が、その音節から分離して、その子音自体が別の音節を形成する中核音になり、1つの独立した音節を形成するのです。

　もちろん、英語において、すべての子音がこのような成節的子音として、独立した音節を形成するわけではありません。次の語のように、基本的に、/m/、/n/、/l/の3つの子音が音節の末尾の音である場合のみに、その前の特定の子音の音と結合して、別の独立した音節を形成します。

- /m/ : rhythm ⁽²³⁾ [rɪ-ðm̩]
- /n/ : sudden [sʌ-dn̩]
- /l/ : bottle [bɑ-tl̩]

　このように、英語の音節を形成する音の組合せの仕組みには、（子音）+ 母音 +（子音）で示される一定の基本構造があり、それに基づいて各音節は形成されています。そして、この基本構造が存在することによって、英語の音節が形成される際に、無制限な音の組合せが行われないようになっているのです。

1.3.2.2　英語の音節を形成する前部分の子音の音の組合せ

　英語の音節を形成する中核音（基本的には母音、または重母音の音）の前の部分には、0から最高で3個までの子音の音が組合わされて結合されることについては、前の1.3.2.1で説明した通りです。しかし、それらの子音の音の組合せには、ある一定の規則と制限があります。

⁽²³⁾ 子音の音の発音記号の下に付いている [̩] はより細かい発音の仕方を表示するために使う補助記号で、専門的には分音符号、発音区分符号などと呼ばれています。この符号の表記についても、前述の国際音声学協会（IPA）が細かく提唱しています。

ここでは、音節の、この前の部分に使われる子音の音の組合せパターンについて、実際の語を例にあげながら考えてみます。

(1) 子音が1つの場合

中核音の前の部分に、子音の音が1個だけ結合される場合には、次のように、/ʒ/と/ŋ/の2つの子音の音以外の、どの子音の音でも使われます。

- 中核音の前の部分に使われる単一子音の音
 /p/、/b/、/m/、/w/、/f/、/v/、/θ/、/ð/、/t/、/d/、/s/、/z/、/n/、/l/、/r/、/ʃ/、/tʃ/、/dʒ/、/j/、/k/、/g/、/h/

(2) 子音が2つの場合

中核音の前の部分に、子音の音が2個結合される場合には、次の27通りの子音の音の組合せしか使われません。なお、ここで例として取り上げる語は、すべて1音節から形成されており、各語の下線のある部分の発音が、この音の組合せに該当します。

- /s/+/f/、/k/、/l/、/m/、/n/、/p/、/t/、/w/の組合せ

/ sf /	:	sphere	/ sk /	:	skirt
/ sl /	:	slim	/ sm /	:	small
/ sn /	:	snow	/ sp /	:	spin
/ st /	:	store	/ sw /	:	swim

- /k/+/l/、/r/、/w/の組合せ

/ kl /	:	climb	/ kr /	:	crime
/ kw/	:	quick			

- /p/+/l/, /r/の組合せ
  - /pl/ : play
  - /pr/ : pray

- /b/+/l/, /r/の組合せ
  - /bl/ : black
  - /br/ : bring

- /f/+/l/, /r/の組合せ
  - /fl/ : fly
  - /fr/ : free

- /θ/+/r/, /w/の組合せ
  - /θr/ : thread
  - /θw/ : thwart

- /t/+/r/, /w/の組合せ
  - /tr/ : try
  - /tw/ : twin

- /d/+/r/, /w/の組合せ
  - /dr/ : dry
  - /dw/ : dwell

- /g/+/l/, /r/の組合せ
  - /gl/ : glue
  - /gr/ : green

- その他の組合せ
  - /hw/ : which
  - /ʃr/ : shrimp

(3) 子音が3つの場合

中核音の前の部分に、子音の音が最大の3個結合される場合には、次の6通りの子音の音の組合せしか使われません。なお、ここで例として取り上げる語は、sphragistics（3音節）を除いて、すべて1音節から形成されており、各語

の下線のある部分の発音が、この音の組合せに該当します。

・/sp/+/l/,/r/の組合せ
　／ spl ／ ： split　　　　　　　　／ spr ／ ： spring

・/ sk /+/ r /,/ w /の組合せ
　／ skr/ ： scream　　　　　　　／ skw/ ： squeeze

・その他の組合せ
　／ sfr ／ ： sphragistics（印章学）　／ str ／ ： street

1.3.2.3　英語の音節を形成する後ろ部分の子音の音の組合せ

　英語の音節を形成する中核音（基本的には母音、または重母音の音）の後ろの部分には、0から最高で4個までの子音の音が組合わされて結合されることについては、前の1.3.2.1で説明した通りです。
　しかしながら、それらの中核音の後ろの部分に結合される子音の音の組合せは、中核音の前の部分に結合される音の組合せに比べて、はるかに複雑な音の組合せが存在します。
　これは、この音節の後ろの部分に結合される子音の音の数が、最大で4個もあることと、この部分における子音の音の組合せ規則（つまり、どの音とどの音を組合わせることが可能か）についての制限が少ないために、非常に多様な子音の音の組合せパターンが存在することになってしまうからです。
　ここでは、音節の、この後ろの部分に使われる子音の音の組合せパターンについて、実際の語を例にあげながら考えていきます。

(1) 子音が1つの場合

中核音の後ろの部分に、子音の音が1個だけ結合される場合には、次のように、/w/、/j/、/h/の3つの子音以外の、どの子音の音でも使われます。

・中核音の後ろの部分に使われる単一子音の音

/p/、/b/、/m/、/f/、/v/、/θ/、/ð/、/t/、/d/、/s/、/z/、/n/、/l/、/r/、/ʃ/、/ʒ/、/tʃ/、/dʒ/、/k/、/g/、/ŋ/

(2) 子音が2つの場合

中核音の後ろの部分に、子音の音が2個結合される場合には、次のような、多様な組合せになります。また、これらの組合せには、/w/、/r/、/j/、/h/の4つの子音の音以外の音が使われます。なお、ここで例として取り上げる語は、すべて1音節から形成されており、各語の下線のある部分の発音が、この音の組合せに該当します。

・/l/+/p/、/b/、/m/、/f/、/v/、/θ/、/t/、/d/、/s/、/z/、/n/、/ʃ/、/tʃ/、/dʒ/、/k/の組合せ

/ lp /	:	ke<u>lp</u>	/ lb /	:	bu<u>lb</u>
/ lm /	:	fi<u>lm</u>	/ lf /	:	se<u>lf</u>
/ lv /	:	so<u>lve</u>	/ lθ /	:	hea<u>lth</u>
/ lt /	:	fe<u>lt</u>	/ ld /	:	bui<u>ld</u>
/ ls /	:	fa<u>lse</u>	/ lz /	:	she<u>lls</u>
/ ln /	:	ki<u>ln</u>	/ lʃ /	:	We<u>lsh</u>
/ ltʃ /	:	be<u>lch</u>	/ ldʒ /	:	bu<u>lge</u>
/ lk /	:	si<u>lk</u>			

・/ n /+/ θ /, / t /, / d /, / s /, / z /, / tʃ /, / dʒ / の組合せ

/ nθ /	:	month	/ nt /	:	count
/ nd /	:	mend	/ ns /	:	hence
/ nz /	:	lens	/ ntʃ /	:	pinch
/ ndʒ /	:	change			

・/ m /+/ p /, / f /, / t /, / d /, / z / の組合せ

/ mp /	:	bump	/ mf /	:	nymph
/ mt /	:	dreamt	/ md /	:	hemmed
/ mz /	:	Thames			

・/ p /+/ θ /, / t /, / s / の組合せ

| / pθ / | : | depth | / pt / | : | script |
| / ps / | : | pops | | | |

・/ f /+/ θ /, / t /, / s / の組合せ

| / fθ / | : | fifth | / ft / | : | lift |
| / fs / | : | chiefs | | | |

・/ ŋ /+/ d /, / z /, / k / の組合せ

| / ŋd / | : | hanged | / ŋz / | : | songs |
| / ŋk / | : | think | | | |

・/ b /+/ d /, / z / の組合せ

| / bd / | : | sobbed | / bz / | : | cubs |

・/ v /+/ d /, / z / の組合せ

| / vd / | : | lived | / vz / | : | knives |

・/θ/+/t/, /s/の組合せ
　/θt/　：　too<u>thed</u>　　　　　　/θs/　：　dea<u>ths</u>

・/ð/+/d/, /z/の組合せ
　/ðd/　：　ba<u>thed</u>　　　　　　/ðz/　：　ba<u>ths</u>

・/d/+/θ/, /z/の組合せ
　/dθ/　：　wi<u>dth</u>　　　　　　/dz/　：　ki<u>ds</u>

・/s/+/t/, /k/の組合せ
　/st/　：　mi<u>st</u>　　　　　　　/sk/　：　ri<u>sk</u>

・/k/+/t/, /s/の組合せ
　/kt/　：　a<u>ct</u>　　　　　　　/ks/　：　mi<u>x</u>

・/g/+/d/, /z/の組合せ
　/gd/　：　hu<u>gged</u>　　　　　/gz/　：　ba<u>gs</u>

・その他の組合せ
　/ts/　：　ca<u>ts</u>　　　　　　/zd/　：　cau<u>sed</u>
　/ʃt/　：　ru<u>shed</u>　　　　　/ʒd/　：　rou<u>ged</u>
　/tʃt/　：　ha<u>tched</u>　　　　/dʒd/　：　he<u>dged</u>

(3) 子音が3つの場合

　中核音の後ろの部分に、子音の音が3個結合される場合には、次のような、多様な組合せになります。また、これらの組合せには、/w/、/ð/、/r/、/ʒ/、/j/、/ŋ/、/h/の7つの子音の音以外の音が使われます。なお、ここで例として取り上げる語は、すべて1音節から形成されており、各語の下線の

ある部分の発音が、この音の組合せに該当します。

- / lf /+/ θ /, / t /, / s / の組合せ
  - / lfθ / : twe<u>lfth</u>
  - / lfs / : go<u>lfs</u>
  - / lft / : go<u>lfed</u>

- / mp /+/ t /, / s / の組合せ
  - / mpt / : pro<u>mpt</u>
  - / mps / : pu<u>mps</u>

- / mf /+/ t /, / s / の組合せ
  - / mft / : hu<u>mphed</u>
  - / mfs / : ny<u>mphs</u>

- / sk /+/ t /, / s / の組合せ
  - / skt / : ri<u>sked</u>
  - / sks / : ri<u>sks</u>

- / lp /+/ t /, / s / の組合せ
  - / lpt / : he<u>lped</u>
  - / lps / : A<u>lps</u>

- / lk /+/ t /, / s / の組合せ
  - / lkt / : mi<u>lked</u>
  - / lks / : si<u>lks</u>

- / lb /+/ d /, / z / の組合せ
  - / lbd / : bu<u>lbed</u>
  - / lbz / : bu<u>lbs</u>

- / lm /+/ d /, / z / の組合せ
  - / lmd / : fi<u>lmed</u>
  - / lmz / : fi<u>lms</u>

- / lv /+/ d /, / z / の組合せ
  - / lvd / : so<u>lved</u>
  - / lvz / : se<u>lves</u>

Ⅲ　英語音声の結合の仕組み　71

・/ ln /＋/ d /, / z / の組合せ

 / lnd / ： ki<u>lned</u>   / lnz / ： ki<u>lns</u>

・/ ks /＋/ θ /, / t / の組合せ

 / ksθ / ： si<u>xth</u>   / kst / ： mi<u>xed</u>

・その他の組合せ

 / lθs / ： wea<u>lths</u>   / lts / ： ti<u>lts</u>
 / ldz / ： fo<u>lds</u>   / lst / ： pu<u>lsed</u>
 / lʃt / ： we<u>lshed</u>   / ltʃt / ： be<u>lched</u>
 / ldʒd / ： bu<u>lged</u>   / ntθ / ： thousa<u>ndth</u>
 / nθs / ： mo<u>nths</u>   / ndz / ： ki<u>nds</u>
 / nts / ： hi<u>nts</u>   / nst / ： agai<u>nst</u>
 / nzd / ： clea<u>nsed</u>   / ntʃt / ： pi<u>nched</u>
 / ndʒd / ： cha<u>nged</u>   / pθs / ： de<u>pths</u>
 / pts / ： scri<u>pts</u>   / pst / ： colla<u>psed</u>
 / dθs / ： wi<u>dths</u>   / fθs / ： fi<u>fths</u>
 / fts / ： li<u>fts</u>   / tst / ： bli<u>tzed</u>
 / sts / ： ho<u>sts</u>   / kts / ： a<u>cts</u>
 / ŋkt / ： tha<u>nked</u>

(4) 子音が 4 つの場合

　中核音の後ろの部分に、子音の音が最大の 4 個結合される場合には、次の 9 通りの子音の音の組合せしか使われません。なお、ここで例として取り上げる語は、すべて 1 音節から形成されており、各語の下線のある部分の発音が、この音の組合せに該当します。

・/ mpt /, / ntθ /, / lfθ /, / lkt /, / ksθ /, / kst /, / ŋkθ /+/ s / の組合せ

/mpts/	:	tempts	/ntθs/	:	thousandths
/lfθs/	:	twelfths	/lkts/	:	mulcts
/ksθs/	:	sixths	/ksts/	:	texts
/ŋkθs/	:	lengths			

・/ mps /, / lts /+/ t / の組合せ

| /mpst/ | : | glimpsed | /ltst/ | : | waltzed |

1.3.2.4　英語の音節と語形成

　英語では、1つの音節から形成されている単音節語（monosyllabic word）が多いのですが、同時に、2つの音節から形成されている2音節語（disyllabic word）や、3つ以上の音節から形成されている多音節語（polysyllabic word）も、また数多くあります。

　上で見てきた例のように、1つの中核音（通常は、1つの母音、または重母音）からなる、1音節で形成されている語の場合には、その音節を形成する中核音の前後に結合される音（通常は子音）は、明確に認識できます。しかし、2つ以上の中核音を持つ、2音節以上から形成されている語の場合には、それぞれの中核音の前後に結合される音を、各音節ごとに明確に分離して認識することは、音節の基本構造が決まっているにもかかわらず、必ずしも容易なことではありません。

　例えば、'empty（/ɛmptɪ/）' という語には、/ɛ/ と /ɪ/ の2つの中核をなす音（母音）がありますので、通常は2つの音節から形成されている語として発音されます。しかし、この2つの音節を形成する音の組合せは、一般的な発音の習慣から、/ɛm/ と /ptɪ/ の組合せと、/ɛmp/ と /tɪ/ の組合せの2通りが考えられますが、辞書では後者、つまり、/ɛmp/ と /tɪ/ の組合せに統一されて表示され

ています。
　これは、英語の複音節から形成されている語について、上でも見てきたように、実際に語の発音で使用される音節の音の組合せパターンを統計的に分析した結果から、語が一般的な発音をされる際の各音節を形成する標準的な音の組合せを表示しているのです。そして、実際に話し手は、複音節から成る語の各音節が、音の結合された組合せ単位であることを聞き手に認識させるかのように、各音節の切れ目では、ごく短い**間**（pause）を入れるような感じで発音します。

1.3.3　日本語の音節形成の仕組み

　1.3.2 では、英語の音節形成の仕組みについて考えてみましたが、日本語のそれは、英語の場合に比べて、非常に単純です。このために、日本人にとって、英語の音節についての概念を理解することは、容易なことではありません。
　日本語の場合には、語の音節を形成する音の組合せパターンは基本的に、次のような3つのタイプしか存在しません。

(1)　母音の単一音が1つの音節を形成する
(2)　子音の単一音＋母音の単一音で1つの音節を形成する
(3)　子音の単一音/n/が1つの音節を形成する

　このように、日本語には、音節を形成する音の組合せタイプは3つしかないために、日本語の各音節には英語と大きく違った、ある1つの共通する特徴があります。
　それは、各音節が発音される時、発音される時間の長さ（time of duration）が、いずれのタイプの音節でも、ほぼ同じであるということです。実際に、例えば、「い（i）」という母音の単一音からなる音節を発音する時間の長さと、「か（ka）」という子音の単一音と母音の単一音の2つ音からなる音節を発音す

る時間の長さを比較した場合に、両者の発音時間の長さはほぼ同じであるということが、[24]音響スペクトログラフを使った研究等の中で述べられています。

そして、このように、1つ音を発音する時間の長さと2つの音を組合わせて発音する時間の長さがほぼ同じで、各音節の発音時間に大きな違いがないような音節の発音の仕方は、英語には存在しません。

このために、日本語の音節は、専門的には**モーラ**（mora）という特別な名称で呼ばれることがあり、英語の音節（syllable）構造とは明確に区別する必要があります。

1.4　語を形成する音に加わる要素－超分節素

英語においても、日本語においても、音声面から見ると、各音が結合して音節を形成し、さらに、音節が単一で、または、いくつかが結合して語を形成することについて確認してきました。しかし、発音の面から考える語の形成には、もう1つの要素が関係していることを認識しなくてはいけません。

それは、音や音節という分節単位（segment）を超えて語の形成に加わるという意味から、**超分節素**（suprasegmental features）と呼ばれる要素です。この超分節素は、語を形成する個々の音が発音される際に、音に対して追加的に付けられるため、かぶせ音素という名称で呼ばれることがあります。

この超分節素と呼ばれる、語の形成に加わる要素には、主なものとして、語が発音される際に、音節を形成する特定の音に付けられる強弱（stress）のアクセントと、音の音程の高低（pitch）によるアクセントの2種類があります。

また、この超分節素と呼ばれる要素は、語が結合して、さらに大きい単位である句や、節、文が形成され、発音される場合にも関係しています。

[24] 音響スペクトログラフとは、音声を構成する周波数成分を、周波数帯ごとに分析し、表示するための装置で、特に母音を構成する共鳴周波数帯の分析表示や、母音と子音の音が組合わされて発音された場合の、各音の発音時間の長さなどの測定などに使用されます。

英語では、一般的に、句や、節、文が発音される場合には、それらを形成する語群の一部の語に対して、強弱のアクセントが付けられます。また、それと同時に、規則的に反復して起こる、語の発音の強弱や発音時間の長短のリズム（rhythm）、語と語の結合部に存在する短い間（juncture）、そして、文を発音する際の、語レベルでの音程の変化（intonation）の3つの要素も付加されます。

1.4.1 語の強勢アクセントの仕組み

英語の複数の音節からなる語が発音される時には、語を形成しているある音節の中の中核音（通常は母音または重母音）が、他の音節の中核音より強く発音されたり、弱く発音されたりしているように聞こえます。これが、一般的に英語のアクセントと呼ばれている超分節素の1つです。

しかし、日本語には、このように、音節を形成する音に強弱のアクセントを付けて発音する習慣はありません。このために、日本人にとって、英語の語を発音する際に付ける、強弱のアクセントの基本的な仕組みをを理解することは、重要なことです。

この英語の語に使われるアクセントは、語を形成する複数の音節の中から、ある1つの音節の中核音だけを、他の音節の中核音に比べて、より力強く発音することによって、その音節を強調するためのもので、専門的には、語の**強勢アクセント**（stress accent）、または、強さアクセントと呼ばれています。そして、この一番強く発音される音節の中核音に付加されるアクセントのことを[25]**第一強勢アクセント**（primary stress accent）と呼び、辞書の中の発音表示では、その中核音の発音記号の上に、/´/のような付加的な記号を使って表示します。

また、英語の複数の音節からなる語には、この第一強勢が付けられる音節の

---

[25] 第一強勢アクセントは、一般的には、第一強勢とか、第一アクセントとも呼ばれています。本書では、これ以降、第一強勢の表現を使います。また、第二強勢アクセントについても、第二強勢という表現を使います。

中核音よりは弱く発音されますが、他の音節の中核音よりは強く発音される中核音を持つ音節のある場合があります。そして、この場合に、その中核音に付けられるアクセントのことを**第二強勢アクセント**（secondary stress accent）と呼び、/ ˋ /のような付加的な記号をその中核音の上に付けて表示します。もちろん、3音節以上ならなる語の発音であっても、第二強勢が付けられない場合もありますし、2音節からなる語であっても、第二強勢が付けられる場合もあります。

このようにして、一般的に、英語の複数の音節からなる語が発音される場合には、その中のある1つの音節の中核音に第一強勢が、そして、別のもう1つの音節の中核音に第二強勢が付けられ、残りの音節の中核音には強勢は付けられないというように、[26] 3段階の強勢表示方式が使われることが多いのです。

また、英語の複音節からなる語が発音される場合に、どの音節の中核音に、どの強勢が付けられるかということについては、多様な強勢の付加パターンがあるために、その規則性を完全に説明をすることはできません。しかし、語の品詞の種類などによって、ある程度の規則性は存在します。

例えば、一般的に、英語の2音節からなる名詞の場合には、第一音節の中核音に第一強勢が付けられる場合が多く、同じ2音節からなる動詞の場合には、逆に、第二音節の中核音に第一強勢が付けられる場合が多いのです。次に示す例は、2音節からなり、名詞形と動詞形の両方に使われる語です。これらの語の発音では、名詞形では第一音節に、そして、動詞形では第二音節に第一強勢が付けられます。また、同時に、音節の中核音として使われる [27] 母音の音も変化する場合が多いのです。

---

[26] 辞書などでは、一般的に、英語の複音節から成る語の発音の強勢表示をする際には、第一強勢、第二強勢、無強勢の3段階の表示方式が使われています。しかし、単に強勢と弱勢の2段階表示方式や、第一強勢、第二強勢、第三強勢、無強勢の4段階表示方式が使われることもあります。

[27] 英語では、強勢が付けられない音節の中核音となる母音の音/ɪ, ɛ, ʊ, ə/は、弱く発音されるために発音時間が短く、**弱母音**（weak vowel）と呼ばれます。

	名詞形	動詞形
・digest	/dáɪ-dʒɛst/	/daɪ-dʒést/
・produce	/prá-djus/	/prə-djús/
・protest	/pró-tɛst/	/prə-tést/
・reject	/rí-dʒɛkt/	/rɪ-dʒékt/
・suspect	/sʌ́s-pɛkt/	/səs-pékt/

しかしながら、上の例のような、規則的なパターンで強勢が付けられる語は限定されており、多くの英語の複音節からなる語の発音では、多様なパターンで強勢が付けられます。次に示す例は、2および3音節から成る語が発音される際に、強勢が付けられるパターンを示したものです。

(1) 2音節からなる語

- 第一強勢 + 第二強勢　　　/ín-sàɪt/　　（insight）
- 第一強勢 + 無強勢　　　　/sté-bl/　　（stable）
- 第二強勢 + 第一強勢　　　/ʌ̀n-nón/　　（unknown）
- 無強勢 + 第一強勢　　　　/ə-láʊ/　　（allow）

(2) 3音節からなる語

- 第一強勢 + 無強勢 + 第二強勢　　/fó-tə-græ̀f/　　（photograph）
- 第一強勢 + 無強勢 + 無強勢　　　/bǽtʃ-ə-lər/　　（bachelor）
- 第二強勢 + 第一強勢 + 無強勢　　/ʌ̀n-láɪk-lɪ/　　（unlikely）
- 第二強勢 + 無強勢 + 第一強勢　　/ʌ̀n-dər-stǽnd/　　（understand）
- 無強勢 + 第一強勢 + 第二強勢　　/pə-té-tò/　　（potato）
- 無強勢 + 第一強勢 + 無強勢　　　/ɪks-pén-sɪv/　　（expensive）

1.4.2　語の高さアクセントの仕組み

日本語の複数の音節（モーラ）からなる語では、ある音節の音程が、他の音節の音程より高く発音されることがしばしばあります。もちろん、英語の語の場合でも、強勢が付けられる音節は、強勢が全く付けられない音節よりも、高い音程で発音される傾向がみられます。しかし、日本語の場合には、音節ごとの音程の高低が、英語の場合に比べて、はるかに顕著です。

日本語の複数の音節からなる語が発音される場合のように、その語を形成する音節の音程に高低を付けることによって、語の発音にアクセントを付けることを、専門的には、**高さアクセント**（pitch accent）、または、高低アクセントと呼びます。そして、この高さアクセントは、1.4.1で見てきた英語の強勢アクセントに対比されるもので、[28]中国語などの多くの言語にも使われています。

一般的に、日本語の語が発音される際に使われる高さアクセントのパターンについては、次の2音節からなる語の例のように、大きく分けて、3つの基本的なパターンがあるといわれています。

(1) 高から低に変化　　か＼き　（花器、牡蠣、夏季など）

(2) 低から高に変化　　か／き　（柿）

(3) 変化なし　　　　　か　き　（<u>書き</u>ます）

このように、日本語の場合には、語の発音に使われる高さアクセントの違いによって、表現される意味そのものも異なります。また、日本語で使われる高

---

[28] 中国語で使われる高さアクセントは、日本語のように音節単位で音程が高低するタイプのものではなく、1つの音節を形成する音の音程が連続的に変化（つまり、音節内変調）するタイプのものです。このタイプの言語は、専門的には、等高線状音調言語（contour tone language）と呼ばれ、階段状に変化する区分的音調言語（register tone language）とは区別されます。

さアクセントは、各方言によっても、そのパターンがかなり違っています。

1.4.3 複合語と句の強勢アクセントの仕組み

英語では、いくつかの語が、別の語を形成する要素になり、それらが直接的に結合して、新しい1つの語を形成する場合があります。そして、この語は[29] **複合語**（compound word）と呼ばれ、いくつかの語が直接的に結合することなく、独立したままで形成する句（phrase）とは、文法および超分節素の面から区別されます。

まず、文法の面では、この複合語の表現する意味が、この語を形成する個々の語が本来表現する意味とは違っている場合が多いのです。また、超分節素の面では、その複合語に付けられる強勢アクセントが、その複合語を形成する、本来は独立状態にある語から形成される句に付けられる句強勢アクセントとは違ったパターンで付けられます。次の2つの語（要素）で形成される複合語と句の例を比較して、このことを確認してみます。

    複合語   名詞句
- rédcàp （駅の）赤帽 a rèd cáp 赤色の帽子

- gréenhòuse 温室 a grèen hóuse 緑色の家

- líghthòuse 灯台 a light hóuse 明るい家

- grándpàrents 祖父母 grànd párents 偉大なる両親

[29] 英語の複合語には、'postman' のように複数の語を直接結合させるもの、'son-in-law' のようにハイフンを使って結合させるもの、そして、'the White House' のようにそのまま結合させないで、意味表現上は1つの語として扱うものの3種類のスペリング方式があります。

・Írishmàn　　アイルランド人　　　　an Ìrish mán　　アイルランド人の男

　上の例で示した左側の5つの複合語では、すべて第一番目の要素（語）にある第一音節の中核音（母音または重母音の音）に第一強勢が付けられて発音されます。一方、右側の名詞句では、一般的に、句の最後の語（名詞）に一番強い句強勢が付けられて発音されます。しかし、もちろん、この句強勢が付けられる語は、話者の意図によって変わります。例えば、話者が'a red cap'の句表現で、赤いことを強調したい場合には、'red'に一番強い句強勢が付けられて発音されます。

1.4.4　文の強勢アクセントの仕組み

　英語では、文（または、節）が発音される場合に、その文（または、節）を形成している語群の中の一部の語が、他の語より強く発音されます。これが、文を形成する語に付けられる**文強勢**（sentence stress）です。そして、この文強勢は、英語独特の強弱の繰り返しのリズムとも密接に関連して、英語が話される時に、特有の響き（音色）を演出します。

　言語学では、英語の文を形成する語群について、基本的に、2種類に分類します。その1つは、話者が伝えたい意味を主として表現するための機能を持つ語で、**内容語**（content word）と呼ばれるものです。主として、名詞、形容詞、動詞、副詞、数詞等の語がこの語群に分類されます。

　そして、もう一方は、**機能語**（function word）と呼ばれるもので、文を形成する各語を互いに組合わせるための文法的な機能を主に担います。この語群に分類されるのは、前置詞、冠詞、接続詞、助動詞、人称代名詞、関係詞等のごく限られた語しかありません。

　一般的な英語の発音では、文強勢は、これら2種類の語群のうちの内容語に分類される語に限定して付けられ、機能語には付けられることはありません。このため、例えば、'I have a pen and two pencils in my pocket.'の文は、基

本的に、次のような文強勢が付けられて発音されます。

I háve a pén and twó péncils in my pócket.

しかし、もちろん、この文強勢の場合にも、話者の意図によって、強勢が付けられる語は変わる場合があります。例えば、話者が上の例文を発音する際に、「自分のポケットの中にある」ということを強調したい場合には、'ín my pócket'のように、'in'の音節の中核音にも強勢を付けてはっきりと発音します。

1.4.5 リズムの仕組み

英語の文が発音される際に、私達が感じる、規則的に繰り返されるように付けられる強弱の強勢アクセントや、文を形成している語、およびその中の音節が発音される時間の長短の規則的な繰り返しは、**リズム**（rhythm）と呼ばれる超分節素の要素の1つです。そして、このリズムという超分節素も、英語特有の響き（音色）を演出するのに重要な役目を持っているのです。

この英語の強弱のリズムは、これまで見てきたような、主として語、句、節に付けられる強弱の強勢のアクセントが、[30]文という大きな単位において、長く連接された状態で発音されることによって作り出されます。このようにして、作り出されれるリズムには、いくつかのパターンがあることが知られています。そして、英語を母国語とする話し手は、それぞれの文に特有のリズムを乱さないように発音する傾向があります。

このために、文を形成している個々の語の強勢のある音節が隣り合ってしまうような場合には、語に本来付けられる強勢の位置を、次の例のように、文全体のリズムに合うように、意図的に変えてしまう傾向も見られます。

---

[30] 英語が発音される際のリズムは、文という単位のみに認められるものではなく、文を構成する節や、句、また、語の単位にも、もちろん存在します。

本来の強勢パターン：I knów that Japanése mán.

一般的に使われる強勢パターン：I knów that Jápanese mán.

　また、英語では、強勢が付けられている音節の中核音（通常は、母音または重母音の音）は、無強勢の音よりも、より長く発音されます。このために、強弱の強勢アクセントによるリズムに同調して、発音される個々の音の発音時間にも長短の違いが出てきます。そして、音が連続的に長く連接された文などにおいては、発音される時間が長く、はっきりと発音される部分と、発音される時間が短く、やや不明瞭に発音される部分が、規則的に繰り返される英語特有のリズムが作り出されるのです。
　このようにして、英語の発音には、リズムという超分節素が付けられますので、例えば、'I want to go to America in November or in December.'の文では、次のようなイメージの強弱および長短のリズムが付けられて発音されるのが一般的です。

I wánt to gó to América in Novémber or in Decémber.

　もちろん、日本語にも、音節数によって作り出される音数律のリズムが存在しますが、英語のリズムほどにはその存在は目立ちません。また、日本語は高さアクセントを基本とするリズムのために、日本人が英語を発音する際に、強勢アクセントを基本とするリズムを付けることが非常に不得意であるといえるのです。

1.4.6　語間の連接の仕組み

　英語においても、日本語においても、句、節、文を形成する語群が発音され

る際に、各語の間には、音が発音されない短い**連接部の間**（juncture）が置かれます。この語と語の間に置かれる連接部の間も、句、節、文が発音される際に、語と語の音声上の区切りを表すことによって、意味表現の伝達に関係している要素ですので、超分節素の1つであるといえるのです。ここでは、英語の場合を例にしながら、その仕組みについて考えてみます。

例えば、英語の1つの句、'its parks'（それが所有する公園）と、1つの文、'It sparks.'（それは火花を出します）は、同じ音の組合せ、/ɪtspɑrks/から形成されています。前者の句では、/ɪts/が連続的に発音された後、短い連接部の間が置かれます。そして、次に、唇で肺からの空気の流れをいったん閉止した後、声帯を振動させないで、[31] 強く空気を吹きかけるようにしながら、唇から開放して、/p/の音を発します。

一方、後者の文では、/ɪt/が連続的に発音された後、短い連接部の間が置かれます。そして、次に、短い歯茎摩擦音/s/の音が発せられ、それに続いて、唇で肺からの空気の流れをいったん閉止した後、声帯を振動させないで、普通に空気を唇から開放して、/p/の音を発します。

このように、英語では、まったく同じ音の組合せでも、語間を表すための短い連接部の間を超分節素として置き、さらに、条件によっては、語を形成する最初の音の調音の方法を微妙に変えるなどして、表現される意味の違いが区別されているのです。

1.4.7　イントネーションの仕組み

英語では、文が発音される際に、連続的に音程（pitch）が上がったり、下がったりしながら音調が変化し、音楽的ともいえる英語特有の響き（音色）があることに気付きます。そして、この連続的に変化する音調のことを、私達は、

---

[31] このように、閉止後に、普通に肺からの空気を開放するのではなくて、強く空気を吹きかけるように開放して発せられる音は、気息音（aspirated sound）とか、気音と呼ばれます。そして、通常の閉止音の調音の方法とは区別され、詳細には、[pʰ]と表示されます（Ⅲ-2.2参照）。

一般的に、**イントネーション**（intonation）と呼んでいます。

　このイントネーションは、文および、文を形成する句や節が発音される際、話し手の気持ちや感情を聞き手に伝達するために、音調の変化として音に付けられる超分節素の1つです。また、同時に、イントネーションは、文を形成する句や節などの文法的な情報も、聞き手に伝える役目を果たしています。もちろん、日本語の発音でも、英語ほどで顕著ではありませんが、イントネーションが付けられます。このため、英語や日本語は、**音調言語**（intonation language）と呼ばれることもあります。そして、ここでは、日本語に比べて、イントネーションがより顕著に付けられる英語の場合について、その基本的な仕組みを考えてみることにします。

　英語の文が発音される時に、よく観察すると、話し手の声のイントネーションは、文の最初から最後の語の音節にかけて、1つの滑らかな連続的に変化をしていく音調パターンの場合もありますし、一連の音調変化がいくつかの連続的音調変化のパターンに区分けされるように、高低を何回か繰り返す場合もあります。この音程が連続的に変化していく範囲のことを、専門的には**音調群**（tone-group）と呼びます。一般的に、短い文の場合には、1つの音調群からなるように、また、長い文、特に複数の節や句を含む文の場合には、複数の音調群からなるように発音されます。そして、この音調群に付けられるイントネーションは、その中で起こる音程の変化の過程から、大きく分けて、4つの部分から構成されているとの考え方が有力です。

　その考え方から、まず、英語の1つの音調群に付けられるイントネーションの中には**中核部**（nucleus）、または、**主強勢音節**（tonic syllable）と呼ばれる、その音調群の中核部を成す音節が1つ存在します。したがって、1つの文が複数の音調群から成る場合には、そのそれぞれの音調群に、それぞれ1つの中核部となる音節が存在することになります。

　通常の平叙文では、1つの音調群の中核部は、次の例のように、イントネーションが付けられる音調群（この例では文）の中にある最後の名詞、動詞、形容詞、副詞などの内容語（1.4.4 参照）の中の第一強勢が付けられる音節に当たります。

I would like to eat the cake on it. → 音調の変化

前先核部｜　　先核部　　｜中核部｜末部

　上の例文の一般的な発音では、中核部となる音節の中核音、'cake'の/e/の音は、この音調群の中で最も強い強勢（stress）が付けられ、また、音程（pitch）も一番高く発音されます。そして、この中核音/e/が発せられた後は、音程は急激に下がっていき、弱く、かつ、素早く発音されます。

　この例からも分かりますように、音調群の核となる音節は、音程の急激な変化、つまり、イントネーションの急激な変化が起こる中心となる部分です。そして、この核となる音節で起こる音程の変化については、次の'no'という語の例で示すように、最低で、4つの基本的なパターンがあると考えられます。なお、これらの例では、'no'という語を形成する1つの音節自体が、1つの音調群の中核部となる音節であり、この音節内でのそれぞれの音程の変化と、それらによって表現されると考えられる意味の違いを示しています。

(1) No.　：　相手の質問に対して、通常の口調で否定的な答えを表現

(2) No?　：　相手の答に対して、疑問があるか、確認したい気持ちを表現

(3) No?　：　相手の否定的な答が信じられないという気持ちを表現

(4) No!　：　（子供等に対し）「絶対に駄目」とか、叱る口調を表現

　そして、この音調群の核となる音節の音程の変化は、そのまま、その後の**末部**（tail）と呼ばれる音節（または、音節群）に続いていきます。つまり、例えば、上の'I would like to eat the cake on it.'の例文の場合には、'on it'という句の音節群がこの音調群の末部に当たり、'cake'の中核部の音節の音程

は急激に下降しますので、末部の'on it'でも、音程は下げたままで発音されます。これとは反対に、疑問文の音調群では、中核部の音節の音程は上昇していきますので、末部の音程も上げながら発音されます。

　また、この音調群の中核部となる音節の前には、**先核部**（head）と呼ばれる部分があります。この先核部は、音調群の中にある最初の内容語の第一強勢が付けられる音節から、中核部の直前の音節までの部分です。上の例文の場合には、'like to eat the'の部分がこの音調群の先核部に当たり、音程の大きな変化はほとんどなく、ほぼ平坦に発音されます。しかし、強調口調など、一部の感情表現をする場合には、ゆっくりとした上がり音調や下がり音調で発音される場合もあります。

　さらに、音調群の先核部の前には、**前先核部**（pre-head）と呼ばれる部分があります。この前先核部は、一般的に、強勢が付けられない、人称代名詞や助動詞等の機能語（1.4.4参照）からなります。上の例文の場合では、'I would'の部分がこの音調群の前先核部に当たり、強勢は付けられませんが、やや高めの音程で発音されます。しかし、この前先核部についても、話者の気持や感情により、低めの音程で発音される場合もあります。

　このように、英語のイントネーションが付けられる基本的な仕組みについて考えてみましたが、実際の発音の際に付けられるイントネーションの変化は、もっと複雑で、多様なパターンが存在していることは、いうまでもありません。

2　英語音声の連接状態での変化

2.1　単一状態と連接状態での発音される音の違い

　第Ⅱ章では、英語および日本語で、それぞれ使われる母音と子音の個々の音を、調音の面から個別に分類し、発音記号を使って表示しました。そして、この章の前半では、発音の面から考えて、それらの個々の音が組合わされ、語が

形成されていく過程を段階的に考えてみました。

　それでは、個々の音が音節や語を形成するために、連接的に組合わされたり、さらに、句や文（または、節）を形成するために、語を形成する両端の音（つまり、語の最初と最後の音）が連接状態になる場合に、個々の音の調音の仕方はどのような影響を受けるのでしょうか。ここでは、個々の音が、連接された状態で発音される際に、それぞれの音の調音の仕方に起る微妙な変化について考えてみます。

　例えば、英語の１つの子音/p/の音の基本的な調音の仕方については、Ⅱ章の2.1.2.1で説明したように、口音の発音状態で、肺からの空気の流れを両方の唇でいったん完全に閉止した後、声帯を振動させずに、唇を開けて口腔内の空気を開放する方法で行います。

　ところが、この/p/の音が、例えば、'pin'という語のように、語を形成する最初の音として、英語を母国語とする人によって発音される場合には、いったん、両唇で空気を閉止した後、強く息を吹きかけるようにして、空気を勢いよく開放します。つまり、単一の音として/p/を発音する場合と、語を形成する最初の音として/p/を発音する場合では、調音する方法が微妙に違うのです。

　このような事実から、ある音が、基本的な調音の方式で発音される場合と、語、句、文（または、節）の中で、実際に連接された状況で発音される場合での調音の違いについて、音の分類の立場から、どのように取り扱うかについて考えなくてはいけないのです。

2.2　表示される音（音素）と実際に発音される音の関係

　上の例でも取り上げたように、英語の無声の両唇閉止音/p/が、実際に語を形成する音として発せられる場合には、３種類の微妙に違う調音の方法が使われます。これら３種類の音は、以下の(1)～(3)で示すように、それぞれある特定の条件下でしか発音されません。

(1) /p/が、'pin'や'pie'のように、語を形成する最初の音として発音される場合には、閉止の後に、強く空気を吹きかけるようにして開放する習慣があります。この際に発音される音は、**気息音**（aspirated sound）と呼ばれ、詳細には、[pʰ]と表示されます。

　(2) /p/が、'stop'や'cup'のように、語を形成する最後の音として発音される場合には、閉止の後に、[32]空気を開放しない習慣があります。この際に発音される音は、**非破裂音**（unexploded sound）と呼ばれ、詳細には、[pº]と表示されます。

　(3) /p/が、'spin'や'open'のように、上の2つの条件以外の音の組合せから成る語の音として発音される場合には、基本的な/p/の音の調音の方法が使われます。この際の音は、詳細には、[p]と表示されます。

　このようにして、音素/p/の発音については、[pʰ]の音が、ある条件下で現れれば、[p]の音は現れず、また、[p]の音が、別のある条件下で現れれば、[pʰ]の音は現れません。そして、ある音は、ある条件下でのみ現れ、別のある音は、別のある条件下でのみ現れるというように、それら一対の音が、決して、同じ条件下で出現しない状況にある時、それら2つの音は、専門的には、**相補的分布**（complementary distribution）の状態にあるといわれます。そのため、同じ条件の下では、それら2種類の音が、両方とも同時に使われることはありません。また、このように相補的分布状態にある2つの音は、元来は同じ種類の音であると考えられるため、それらの音を相互に入れ替えても、語を形成する音の組合せによる、本来の意味の表現・伝達機能には、何ら支障は起こりません。

　実際に、私達が、語頭や語末にある/p/の音を含む語を、英語を母国語とする人が発音するように、調音する方法を微妙に変えて発音することができないとしても、基本的な/p/の音の調音の方法に基づいて発音すれば、本来の意味の伝達をすることは可能です。そして、ほとんどの日本人は、英語の/p/の音

---

[32] このように、閉止後に、普通に肺からの空気を開放するのではなくて、空気を開放しないで発せられる音は、非破裂音（unexploded sound）とか、非開放音（unreleased sound）と呼ばれ、通常の閉止音の調音の方法とは区別されます。

を含む語を発音する際に、日本語でも使う/p/の音の基本的な調音の方法しか使っていませんが、意味の表現・伝達機能には問題がありません。

しかし、もしも、私達が、'pin'および'cup'という語の中にある、/p/の音を間違って、/t/の音で発したとするならば、聞き手は'tin'および'cut'という語が発音されたと認識してしまうため、違った意味が伝達されてしまいます。つまり、/p/や/t/などの音は、音を組合せて語を形成し、意味の表現・伝達をするという、人間の言語機能に直接関係しているのです。

このような音は、言語において、意味の表現・伝達に使われる素になる音という意味から、専門的には**音素**（phoneme）と呼ばれ、意味の違いを区別するための音声上の最小の単位となっています。そして、既に、第Ⅱ章の音の分類と表示のところでも使いましたが、音素を表示する際には、この分野での取決めによって、//の記号が用いられます。英語辞書に記載されている発音記号も、基本的には、音素表示に基づきますので、この記号が使われています。

一方、[pʰ]、[pº]、[p]は、それぞれ特定の条件の下で、音素/p/が調音される際に作り出される**単音**（phone）で、実際に発音される音声上の単位です。そして、このような実際に発音される音は、その調音の微妙な相異自体が、語の持つ意味の表現・伝達の機能に直接影響を及ぼすものではありませんので、音素とは区別され、専門的には**異音**（allophone）と呼ばれます。例えば、上の場合では、[pʰ]、[pº]、[p]の音は、音素/p/の異音であるといいます。また、これらの実際に発音される音は、[ ]の記号とともに、次の例のように、音素の表示のために割り当てられた音素記号（発音記号）に**分音符号**（diacritic）と呼ばれる補助的な符号が付加されたりして表示され、音素表示とは明確に区別されています。

・/p/の語における実際の発音の仕方とその表示

(例)

[pʰ]：閉止後に、強く空気を吹きかけるように開放して発音される/p/の音（気息音）　　pin, pie

[pº]：閉止後に、空気を開放をしないで発音をされる/p/の音（非破裂音）　　stop, cup

[ ]：基本的な調音の方法で発音される/p/の音　　　　　　　　　　　spin, open

・/l/の語における実際の発音の仕方とその表示

[ɫ]：(33) 舌の後ろ部分が軟口蓋の方に盛り上がった形で発音される/l/の音（軟口蓋化音）
[l]：基本的な調音の方法で発音される/l/の音

　そして、調音の方法を基本的なものから微妙に変化させて発音される音は、上で述べた相補的分布の状態にあることが多いのですが、常にそうであるとは限りません。ある語の音が発音される場合に、同じ条件下で、２種類の微妙に異なった調音の方法が使われることもあります。
　例えば、'big' という語は、通常は、[bɪg]と発音されます。しかし、場合によっては、語を形成する最後の音である有声音/g/が、無声音化（声帯が振動していない状態に）して発音されることがあります。つまり、この場合には、'big' という語には、[bɪg]と (34) [bɪg̊]の２種類の発音が同時に存在することになるのですが、英語には、/bɪk/という発音を持つ語はありませんので、意味の表現、伝達機能に問題は起りません。
　このような調音の微妙な変化による[g̊]の音は、それが起こる条件が、[g]の音と同じ（語の最後の音として）であるため、２つの音は相補的分布の状態にあるとはいえません。このため、これら２つの音は、任意に変化するという意味から、**自由変異**（free variation）の関係にあるといわれます。

(33) この[ɫ]の音（軟口蓋化音）は、基本的には、舌の位置が後ろにある母音（後舌母音）の前や、語末で発音されます。何かこもったような音色のため、「暗い/l/」と呼ばれることもあります。
(34) 本来有声音として発音されるべき音素/g/が、無声音として発音されていることを示すために、このように、一般的には、[ ]の記号とともに、音素記号に補助記号が付けられて表示されます。音素表示では、/bɪk/と表示されます。

2.3 音素の連接状態での代表的な変化

これまで、個々に分類し、発音記号を使って表示した英語と日本語の音は、基本的な調音の仕組みに基づいて作り出されるもので、正式には音素と呼ばれることを説明してきました。そして、それらの音素は、実際に語などの形成音として連接状態で発音される際には、その基本的な調音の方法が微妙に変化する場合があることも説明してきました。

そして、このような単一音として定義されている音素の調音の仕方が、連接状態で変化する仕組みについては、[35] **音韻論**（phonology）と呼ばれる分野で研究され、言語間に共通するいくつかの変化のパターンがあることが確認されています。ここでは、英語を中心に、音素の調音の仕方が連接状態で変化する仕組みについて、代表的な5つのパターンを取り上げて考えてみます。

（1）音の同化

音素が、語あるいは文中において、互いに連接された状態で発音される際に、それらの音の調音の特性が互いに影響し合って、ある音の調音の特性が、隣接する別の音の調音の特性に似てくることがあります。この現象は、**音の同化**（sound assimilation）と呼ばれ、実際には、いろいろな状況で起こりますが、一般的に、次の例のように、ある音の調音の特性（仕組み）が、その[36] 前、あるいは、後ろに連接される別の音の調音の特性に影響を受けて起こります。

---

[35] 音韻論とは、言語学の一分野で、ある言語に使われている個々の音素が、その言語体系の中でどのように組合わされ、また、どのように変化して、言葉として機能しているかを研究する学問です。

[36] 専門的には、前に連接される音の調音の特性に影響を受ける、進行同化（progressive assimilation）と、後ろに連接される音の調音の特性に影響を受ける、逆行同化（regressive assimilation）とに区別されます。

・前に連接される音の調音の特性に影響される例

please：/ pliz / → [pl̥iz]　＊有声音/l/が、前の無声音/p/の影響で無声化
tips：/ tɪpz / → [tɪps̥]　＊複数形を表す有声音/z/が、前の無声音/p/の影響で無声化
火山：/ kasan / → [kazan]　＊無声音/s/が、前の母音（有声音）/a/の影響で有声化

・後ろに連接される音の調音の特性に影響される例

import(in+port)：/ɪnpɔrt/ → [ɪmpɔrt]　＊歯茎音/n/が、後ろの両唇音/p/の影響で両唇音化
has to：/hæz tə/ → [hæs̥ tə]　＊有声音/z/が、後ろの無声音/t/の影響で無声化
本町：/honmatʃi/ → [hommatʃi]　＊歯音/n/が、後ろの両唇音/m/の影響で両唇音化

（2）音の省略

　音素が、語あるいは文中において、互いに連接された状態で発音される際に、それらの音の調音の特性が互いに影響し合って、ある音が省略されることがあります。この現象は、**音の省略**（sound elision）と呼ばれ、多くの場合には、同じような調音の特性を持つ音が連続している状況で起こります。そして、次の例の 'bomb' や 'handsome' のように、音の省略による発音が、一般的に、そのまま定着している場合もあります。

・音の省略の例

bomb：/bɔmb̥/ → [bɔm]　＊両唇音/m/と/b/が連続するため、音として弱い/b/を省略
handsome：/hændsəm/ → [hænsəm]
　　　　　　　　　　　　＊歯茎音/d/と/s/が連続するため、音として弱い/d/を省略
next day：/nɛkst deɪ/ → [nɛks deɪ]
　　　　　　　　　　　　＊歯茎音/t/と/d/が連続するため、音として弱い/t/を省略

工事：/koudʒi/ → ⁽³⁷⁾ [koːdʒi]　＊母音/o/と/u/が連続するため、後ろの母音/u/を省略

（3）音の挿入

上の（2）の、音の省略の場合とは逆に、音素が、語あるいは文中において、互いに連接された状態で発音される際に、それらの音の調音の特性が互いに影響し合って、ある音が挿入されることがあります。この現象は、**音の挿入**(sound epenthesis) と呼ばれ、多くの場合には、同じような調音の特性を持つ音が連続している状況で起こります。また、語と語の間の連接部分に、ある音が挿入されることは、リエゾン (liaison) と呼ばれて区別される場合もあります。

このような現象は、連続状態にある音素の間に、調音の特性が大きく異なる音を、例えば、子音の音が連続する場合には母音の音を、また、母音の音が連続する場合には、子音の音を挿入することによって、発音しやすい状況を作り出していると考えられています。そして、次の例の'an apple'のように、挿入による発音が、一般的に、そのままスペリングにも反映されている場合もあります。

また、日本人が、英語の連続した子音群を持つ語を発音する際にも、母音の音の挿入現象がしばしば起こります。

・音の挿入の例

　　houses : /hausz/ → [hausɪz]
　　　　　　　　　＊強い歯茎摩擦音/s/と/z/の子音が連続するため、母音/ɪ/を挿入
　　hated : /hetd/ → [hetɪd]
　　　　　　　　　＊歯茎閉止音/t/と/d/の子音が連続するため、母音/ɪ/を挿入

⁽³⁷⁾ ある研究結果（Han, 1962を参照）により、この場合には、母音の/u/の音が省略された後、その前の母音/o/の発音される時間が、ほぼ2倍以上の長さになることから、長母音を示す補助符号（ː）を付加して表示しています。

a apple : /ə æpl/ → [ən æple]　＊母音/ə/と/æ/が連続するため、子音/n/を挿入
場合 : /baai/ → [bajai]　＊同じ母音/a/が連続するため、子音/j/を挿入
law and order : /lɔ ənd ɔrdər/ → [lɔr ən ɔrdər]
　　　　　　　＊母音/ɔ/と/ə/が連続するため、子音/r/を挿入し、/d/を省略

（4）音の弱化

　音素が、語あるいは文中において、互いに連接された状態で発音される際に、それらの音の調音の特性が互いに影響し合って、ある音の調音の仕方がやや雑になり、弱まった感じになることがあります。この現象は、**音の弱化**（sound reduction）と呼ばれ、特に、英語の節や文を形成する句における、機能語（前置詞、冠詞、接続詞、関係詞など）の母音音素や、強勢が付けられていない語の母音音素の発音の際に頻繁に起こります。そして、次の例のように、多くの場合には、弱化した母音として、曖昧（あいまい）母音と呼ばれる/ə/の音が使われますが、/ɪ/の音が使われる場合もあります。

・音の弱化の例

two of them : /tu ɑv ðɛm/ → [tə əv ðəm]　＊3つの母音/u/,/a/,/ɛ/が弱化
I have eaten : /aɪ hæv ɪtn/ → [aɪ əv ɪtn]
　　　　　　　　　　　　＊/h/が省略され、2つの母音/æ/,/i/が弱化

（5）音の合体

　音素が、語あるいは文中において、互いに連接された状態で発音される際に、それらの音の調音の特性が互いに影響し合って、ある語の音が、隣接する別の語の音と合体して調音されることがあります。この現象は、**音の合体**（sound coalescence）と呼ばれ、基本的には、ある語の語末の音と、連接する別の語の語頭の音において起こります。

　この合体によって、2つの語が1つの語のように発音されたり、また、2つの音の調音の特性が融合したような音に変わる場合もあり、融合同化（coalescence assimilation）とも呼ばれます。そして、次の例のように、これらの現象は、英語の会話表現では、日常的に聞かれます。

・音の合体の例

　　Come on :／kʌm ɔn／　→　[kʌmən]
　　　　　　　　　＊/m/と/ɔ/が合体し、/ɔ/が弱化して、1語のように発音
　　Don't you :／dont ju／→ [dontʃu]
　　　　　　　　　＊/t/と/j/が合体し、/j/が/ʃ/に転化して、1語のように発音

2.4　音素の連接状態での一般的変化

　これまで、連接状態にある音素が発音される際には、音素が置かれている状況等によって、その調音の仕方が微妙に変化することについて、いろいろな面から考えてきました。

　ここでは、これまで説明してきたいくつかの例も含め、英語において、語、句、節または文を形成するために、隣接状態にある音素に起こる調音の仕方の様々な変化の中から、一般的なものについて考えてみます。

（1）語頭の無声閉止音の気息音化

　語頭にある無声の閉止音/p/, /t/, /k/は、両唇で空気の流れを閉止した後、口腔内の空気を吹きかけるように、気息音化（aspiration）して発音されます。

しかし、語頭以外にある無声閉止音や、有声閉止音は気息音化されません。

・語頭の無声閉止音の気息音化の例

  pill: / pɪl / → [pʰɪl]
  till: / tɪl / → [tʰɪl]
  kill: / kɪl / → [kʰɪl]

（2）語末の閉止音の非破裂音化

語末にある閉止音/p/、/b/、/t/、/d/、/k/、/g/は、両唇で空気の流れを閉止した後、口腔内の空気を開放をしないで、非破裂音化（unexplosion）して発音されます。

・語末の閉止音の非破裂音化の例

  rib : / rɪb / → [rɪb°]
  kid : / kɪd / → [kɪd°]
  kick : / kɪk / → [kɪk°]

（3）有声音の無声音化

語末の有声音や無声音の前後にある語中の有声音は、しばしば一部、または、完全に、無声音化（devoicing/devocalization）して発音されることがあります。しかし、この現象は、任意に起こる自由変異であるために、常に起こるとは限りません。
　また、日本語では、母音の発音にも、この現象が見受けられます。

・有声音の無声音化の例

　　good : / gud / → [gud̥]　＊語末の有声音の無声化
　　split : / splɪt / → [splɪ̥t]　＊有声音/l/が、前の無声音/p/の影響で無声化
　　spring : / sprɪŋ / → [spr̥ɪŋ]　＊有声音/r/が、前の無声音/p/の影響で無声化

（4）調音の場所の同化

　ある音が、その前後に隣接する別の音の調音の特性の影響を受ける、同化については2.3で説明しましたが、特に、この現象は連接される音の調音の場所によって、大きく影響を受けます。
　次の例のように、ある音は、その前後にある別の音が調音される場所の影響を受けて、その調音の場所が同化されて発音されることがよくあります。

・調音の場所が同化されて発音される例

　　pancake : / pænkek / → [pæŋkek]
　　　　　　　　　　　　　　＊歯茎音/n/が、後ろの軟口蓋音/k/の影響で軟口蓋音化
　　eighth : / etθ / → [et̪θ]　＊歯茎音/t/が、後ろの歯間音/θ/の影響で歯音化
　　ten pies : / tɛn paɪz / → [tɛm paɪz]
　　　　　　　　　　　　　　＊歯茎音/n/が、後ろの両唇音/p/の影響で両唇音化

　この第Ⅲ章では、私達が個々に作り出す音（音素）が組合わされて、語、さらには、句、節や文を形成する際の発音面からの仕組みと、それに伴って、個々の音（音素）に起る調音上の変化を中心に考えてみました。私達が実際に、英語の表現を聞いたり、発音したりする際の参考になることと思います。
　次の第Ⅳ章では、日本人にとって、その仕組みが複雑なために、容易には理解することができない、英語のスペリングと発音の関係について考えてみます。

Ⅳ 英語のスペリングと発音の関係

1 現在の英語のスペリングの成立過程

1.1 英語のスペリング方式が定着する過程

　前の章では、文を形成する語について、音（音素）の組合せの仕組みと、その実際の発音との関係を中心に考えてみました。それでは、英語においては、その文を形成する語の発音と、それを記録するために使う26個のアルファベット文字との関係はどのようになっているのでしょうか。

　日本語では、前の章でも説明したように、語を形成する音節のタイプは3種類しかなく、その各音節の発音に該当する表節文字（ひらかな／カタカナ）を使えば、語の発音とスペリング（文字綴り）は一致します。しかし、英語の場合には、語の発音とそのスペリングとの間には、非常に複雑な関係が存在しており、英語の学習者にとっては、学習上の大きな障害の1つとなっています。

　英語のこのような複雑な発音とスペリングの関係は、英語を学習する外国人のみならず、英語を母国語とする人にとっても、また、理解することが難しい問題です。このため、これまで400年以上にわたって、数多くの人々がスペリングの改革（spelling reforming）を提案してきましたが、今日までその成果は上がっていません。しかしながら、このような非常に複雑な英語の発音とスペリングの関係が社会に定着してしまっているのには、相当の理由があると考えられます。

　まず、英語圏の国々においては、英語のスペリング方式を正しく使える人は、教育程度が高く、知識があると考えられ、その人の評価が高いのが普通です。このために、多くの人は、その複雑な英語のスペリング方式を正しく習得しよ

うと懸命に学習します。

　ところが、英語のスペリングに対する人々のこのような態度は、17世紀以前の時代には、決して一般的なものとはいえなかったのです。実際に、17世紀前半までは、社会で使われるスペリング方式は一定しておらず、出版されていた本の間でもばらつきがありました。しかし、およそ1650年頃になると、出版業者は今日のスペリング方式に近い、一定の規則に基づいた方式によって、本を出版し始めました。そして、1700年頃までには、一定の方式が社会に定着するようになり、その当時に発行された辞書の中にも、スペリング方式の規範が載せられています。

　このような社会の動きと共に、1770年頃からは、次第にスペリングミス（spelling mistake）の概念が人々の間に広がるようになりました。そして、18世紀の終わり頃には、英語のスペリング方式に関連した内容の本の出版が大変に盛んになってきました。例えば、アメリカの著名な辞書編纂者であるウェブスター（Noah Webster）が1783年に著した、'The American Spelling Book' という本は、それが発行されてから200年あまりの間に、約6,500万冊が売れたといわれています。

　そして、英語のスペリング方式は、このような過程を経て、今日の急速に変化しつつある社会の中でも完全に定着し、安定した状況を保っているのです。また、さらに、私達の暮らす現代社会で重要な役割を果している、教育、情報システム、出版文化、国際化などの影響を受けて、英語のスペリング方式は非常に複雑で不規則な方式のまま、世界中のいろいろな言語を話す人々が暮らす社会にも、より大きな影響を与えるようになってきています。

1.2　英語のスペリング方式が複雑で不規則になった理由

　現在の英語の文字（字素）と音（音素）の対応（grapheme-phoneme correspondence）は、上でも述べたように、非常に複雑で不規則なまま社会に定着しています。しかし、ずっと以前には、それらの関係は、現在よりもはるかに

規則的であったとする見方が有力です。もちろん、その当時に使われていた英語の発音に関する情報は、通常の文字によって書かれた文しか存在しませんので、当時の実際の発音については、それらの文を基に推測する方法しかありません。

　既に1.1で説明したように、英語のスペリング方式は、1650年頃からほとんど大きな変化をすることもなく現在に至っています。しかし、それ以前の1400年から1600年頃の間における、英語のスペリングの方式が次第に形成されつつあった時期に、英語の発音の仕組みは大きく変化していったといわれています。そして、その時代における、そのような発音の大きな変革が、英語のスペリング方式を、現在のように、複雑で不規則なものにしてしまった原因の１つであると考えられています。

　例えば、14世紀の末頃までは、'right'、'sight'、'wright'のような語の中の'gh'の部分の発音には硬口蓋音が使われていましたが、それ以降に、その音が発音されなくなってしまいました。しかしながら、それらの語のスペリングは、それ以降も、そのまま使い続けられたのです。その結果として、それらの語と'rite'、'site'、'write'の各語とは、[38] **同音異義語**（homophone）の関係になったと考えられています。

　そして、このような英語の発音の仕方に起こった大変革の中でも、現在のようなスペリングと発音の関係に、特に大きな影響を残したものとして、**大母音推移**（Great Vowel Shift）と呼ばれる、英語の長母音（long vowel）を中心に起こった、発音の大きな変化がありました。

1.2.1　大母音推移

　この大母音推移は1400頃から始まり、1700年頃まで続いたと一般的にはいわれています。つまり、この英語の発音に起こった大きな変革は、シェークスピ

---

[38] 同音異義語とは、発音が同じで、その綴りと意味が違う語です。同音異綴語とも呼ばれます。

ア（Shakespeare）が、有名な戯曲を書いていた時代にも進行していたということになるのです。

　そして、この大母音推移によって、当時の英語で使われていた、口腔の筋肉を緊張させながら長く発音する長母音の発音の仕方が大きく変わったといわれています。デンマークの言語学者、イェスペルセン（Otto Jespersen）の説明によれば、この大母音推移によって起こった発音の変化は、次の図Ⅳ-1で示すように、母音表の中の各長母音の発音が玉突き状に推移したものであったと考えられています。

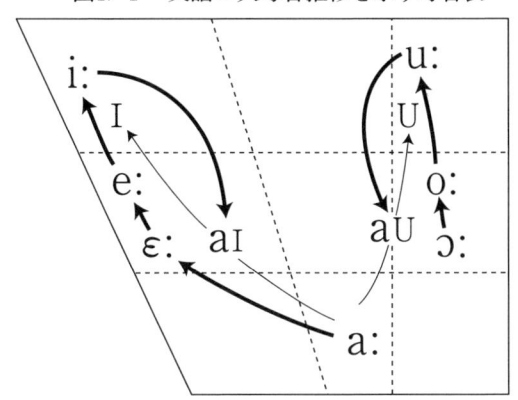

図Ⅳ-1　英語の大母音推移を示す母音表

　現在では、重母音/aɪ/の初めの音として発音される/a/（舌は中央近くの低い位置）の音は、長母音として長く発音される場合には、/aː/と表示される音になります。この大母音推移による発音の変化は、舌の位置が前で発音される母音（前舌母音）と後ろの位置で発音される母音（後舌母音）に起こり、例えば、/aː/という長母音は、/ɛː/という長母音の発音に変化し、その/ɛː/という長母音は、/eː/という長母音に変化したというように、図の中の矢印で示す推移をしながら、各母音が連続的に変化しました。そして、前舌母音および後舌母音における推移の最後として、長母音/iː/と/uː/は、それぞれ重母音/aɪ/および/aʊ/に変化しました。

　その結果として、英語の語彙の中の多くの語が影響を受け、それらの母音部

の発音は大きく変化したのでした。そのような語として、イェスペルセンは、次のような例をあげています。

・大母音推移によって、語の発音が変わった例

(39) 中英語（Middle English）　　　近代英語（Modern English）

abate： / abaːtə /	abate： / əbet /
bete： / bɛːtə /	beat： / bit /
bete： / beːt /	beet： / bit /
bite： / biːtə /	bite： / baɪt /
fol： / foːl /	fool： / ful /
fole： / fɔːlə /	foal： / fol /
foul： / fuːl /	foul： / faʊl /

これらの例のように、当時の語の発音を推測することが可能なのは、大母音推移が完了する1700年頃以前には、既に中英語のスペリング方式はかなり定着していましたので、その情報を基に推論することができるからです。

また、この大母音推移は、英語の長母音の発音に大きな影響を与えただけではなく、次の例のように、(40) **自由形態素**（free morpheme）の一部の母音部の発音にも、その影響の痕跡を残しました。そして、その結果として、同一の自由形態素の一部の母音部の発音が2通りあることになってしまったのです。

・自由形態素の一部の母音部の発音が2通りある例

　　line： / láɪn /　　linear (line + -ar)： / líniər /

(39) 中英語とは、およそ1150年頃から1500年頃にかけて使われた英語のことを指します。また、1500年以降から使われている英語は近代英語と呼ばれます。
(40) 自由形態素とは、それ単独で意味の表現に使うことができる形態素のことです。通常は語として使いますが、他の形態素と結合させて新しい語を作る場合にも使います。

divine : / dɪváɪn /　　divinity（divin (e) + ity）: / dɪvínɪtɪ /
serene : / sərín /　　serenity（seren (e) + ity）: / sərénɪtɪ /

　この理由として、それらの自由形態素が単独の語として使われていた場合（例の左側の状態）には、長母音として発音されていた下線のある母音部は、大母音推移により変化してしまいました。しかし、他の形態素と結合して使われていた場合（例の右側の状態）には、その下線のある母音部は短母音として発音されていたために、大母音推移の対象とはならず、そのままの発音が残ったと考えられています。

1.2.2　外来語の影響

　現在のように、英語のスペリングと発音との関係が複雑で不規則になった原因としては、上で説明した大母音推移のような、英語に起こった発音上の大変革が影響している以外にも、近隣の言語から導入された外来語（loan word）の影響が大きいといえます。
　英語では、本来の語彙と区別するために、外来語については、英語にないスペリングの方式を使う傾向がありました。そのために、それらの外来語のスペリングと発音との関係は、英語本来のものとは違ったものになってしまいました。このような、外国語に対する特別のスペリング方式を使用する傾向は、中英語の時代から続いていたといわれています。
　例えば、13世紀に使われていたフランス語において、それまで使われていた'ch'のスペリングに対する発音が/ʧ/から/ʃ/に変わりました。そして、英語には、'chef'のような語の'ch'のスペリングを/ʃ/と発音するフランス語の語彙が、外来語として入ってきました。しかし、それらのフランス語から入ってきた語は、その当時に、英語で/ʃ/と発音されていた'sh'のスペリングには変えられませんでした。その結果として、フランス語を語源とする語の発音でのみ、'ch'を/ʃ/と発音することになったのです。

また、英語の語彙にある外来語の中には、英語本来の語彙とは違うことを明白にするために、意図的にそのスペリングを変えたと考えられる語も数多くあります。例えば、英語本来のスペリング方式では、アルファベットの'i'と'u'で終わる語は存在しませんでした。そのため、そのような文字で終わる語のスペリング方式が使われている場合には、意図的にその語のスペリングを変更したと考えられるのです。

　そして、英語のこのようなスペリング方式を守るために、本来の語のスペリングの最後が'i'で終わる場合には、次の例のように、'e'を加えるか、もしくは、'y'に意図的に置き換えていると考えられます。このことは、それらの語の過去形および現在分詞のスペリング方式を考えてみれば、理解できます。

・'i'で終わる語に'e'を加えるか、'y'に置き換えている例

原形	過去形	現在分詞
die	died	dying
lie	lied	lying
dry	dried	drying

　また、同様に、この規則を守るために、語のスペリングの最後が'u'で終わる場合には、次の例のように、意図的に'e'のスペリングを加えていると考えられます。

・'u'で終わる語に'e'を加えている例

　　　argue, clue, true, vague

　このように、英語では、'i'と'u'で終わる語のスペリング方式は、本来は存在しませんので、次の例のような、英語の語彙として、現在使われているいくつかの'i'と'u'で終わる語は、外来語、もしくは、造語であるといえるの

です。

・'i'と'u'で終わる外来語、もしくは造語の例

　　　chili,　khaki,　ski,　timpani,　taxi
(41) flu,　gnu,　guru,　haiku

　上の例にある語、'ski'は、本来はノルウェー語の/iː/という発音を持つ語として英語の語彙に入り、元は'she'とスペリングされていましたが、その後に、スペリングと発音が変化して、現在のスペリングと発音になったといわれています。また、'taxi'は、20世紀初頭に、アメリカ人によって造られた語であるといわれています。
　著名な言語学者であるチョムスキー（Noam Chomsky）は、英語を母国語とする人は、どのような音の組合せが英語らしいか、一方、どのような音の組合せが英語らしくないかについて、直感的に判断する能力があると述べていますが、同様に、英語のスペリングについても、その妥当性を直感的に判断する能力があるといえます。
　例えば、'bling'というスペリングの語は英語にはありませんが、'bring'という語が実際にあるために'bling'というスペリングの語はあり得ると判断してしまいます。その一方で、例えば、'lbing'というスペリングの語についてはあり得ないと判断します。このようにして、英語の語のスペリングに使われる文字の組合せには制約（constraint）が存在し、あり得る文字の組合せと、あり得ない文字の組合せが判断されていると考えられています。
　そして、このようなスペリング（文字の組合せ）に対する制約は、子音の発音に使われる**重複文字**（geminate letters）に対しても存在します。例えば、英語においては、子音の発音に使われる、'll'のような重複文字を使ったスペリングは、基本的には、'illusion'や'will'の語のように、語中か、語末でしか使

---

(41)　'flue'ともスペリングされますが、これは、上でも説明したように、本来のスペリング方式に合わせるため、'e'を加えたものと考えられます。

われません。

しかし、英語には、'llama' や 'llano' などのように、この制約に反する語が存在していますが、実は、これらの語は英語本来の語彙ではなく、スペイン語から入ってきたものなのです。そして、これらの語が外来語であることを明白にするために、意図的に、英語の文字の組合せの制約に反するスペリング方式を使っていると考えられるのです。

このようにして、英語で使われている外来語のスペリングの多くは、英語のスペリング方式が複雑で不規則なものとなっている原因の1つなのですが、その本来の目的は、外来語と英語由来の語彙とを区別するために使われているのです。そして、実際に、英語の**語源学**(etymology)に精通した人にとっては、この複雑で不規則な英語のスペリングは、外来語の語源を知るための指標として、大いに役立っているのです。

1.3　英語のスペリングと発音の関係を見直す動き

英語のスペリングと発音の関係が、非常に複雑で不規則であるという事実をふまえて、これまで数多くの人々が、より整合性のある関係となるような提言をしてきました。

例えば、20世紀においては、1908年に、「単純化されたスペリングの会(The Simplified Spelling Society)」と呼ばれる組織が設立され、スペリングと発音の関係に規則性を持たせるための提言をしましたが、一般に広まることはありませんでした。

その後、1930年代になると、「新しいスペリング(The New Spelling)」と呼ばれる組織が設立され、著名な音声学者であったジョーンズ(Daniel Jones)などもこの組織に参加して、スペリングと発音の関係に、新たな整合性を持たせるための提言をしました。そして、その提言の中では、次の例のような、新しい**二重字**(digraph)を使うことによって、スペリングと発音の関係に整合性を持たせる試みも提案されました。

・「新しいスペリング」による新しい二重字を使ったスペリングの例

　　'ae'：/e/と発音される部分に使い、例えば、'make'は'maek'となる
　　'dh'：/ð/と発音される部分に使い、例えば、'this'は'dhis'となる
　　'zh'：/ʒ/と発音される部分に使い、例えば、'vision'は'vizhon'となる

　また、この「新しいスペリング」という組織による提案は、著名な劇作家でもあり、批評家でもあったショー（Bernard Shaw）などによって支持されていました。実際に、ショーは彼の書いた作品の中で、'fish'のスペリングは[42]'ghoti'とすべきであるという、冗談めいた提案をしていたことは、よく知られていることです。このショーの提案は、現在の英語のスペリングと発音との関係に存在する不合理性を強烈に批判したものであるといえます。

　また、1931年には、スウェーデンの英語学者であったザクリソン（Robert Zachrisson）によって、「アングリック（Anglic）」と呼ばれる、スペリングと発音の関係に規則性を持たせるための提言がされました。彼の提言の基本は、一般の人々に広く受け入れられるようにと、既存の英語のスペリング方式の基本部分はできるだけ変えないようにしながらも、そのスペリングと発音の関係に整合性を持たせるように改善しようとしたものでした。彼の提言には、次の動詞の三人称単数現在形のスペリングの例のように、語の発音面を重視するあまり、語の意味を形成する形態素の存在を軽視した部分も存在していました。

・「アングリック」による三人称単数現在形のスペリングの例

　　'shoks'　　＊本来の'shocks'のスペリングを変えたもの
　　'kumz'　　＊本来の'comes'のスペリングを変えたもの
　　'trublz'　　＊本来の'troubles'のスペリングを変えたもの

[42] つまり、'gh'は'enough'のような語の中では、/f/と発音され、'o'は'women'のような語の中では、/ɪ/と発音され、'ti'は'nation'のような語の中では、/ʃ/と発音されているからです。

上の例でも分かるように、本来は、'-(e)s'のスペリングを使い、同じ三人称単数現在形を表すための形態素であることを示しますが、彼の提案したスペリングでは、あたかも三人称単数現在形を表すための２つ違った形態素があるかのような印象を与えてしまいます。このような理由もあって、「アングリック」は一般に普及することはありませんでした。

また、上で述べたそれら３つの提言以外にも、1959年には、数多くの新しい二重字の使用を提言した、「規則化英語（Regularized English）」や、1969年には、基礎的な語の発音を教えるための補助的な文字の使用を提言した、「初期教育のための文字（Initial Teaching Alphabet）」などもありましたが、いずれについても、一般への普及には至りませんでした。

2　英語のスペリングと発音の関係の分析

2.1　英語における書き言葉と話し言葉の関係

この章の前半の部分では、現在の英語のスペリングと発音の関係について、その成立過程と大変に複雑で不規則になった理由を中心に考えてみました。次に、ここでは、その複雑で不規則なまま使われている英語のスペリングと発音の関係について、その基本的部分を理解するために、まず、英語における書き言葉（文語）と話し言葉（口語）の関係を考えてみます。

アメリカ・インディアンの言語の分析研究を基盤にして、米国で発展し、その黄金期を築き上げた [43] **構造言語学**（structural linguistics）では、言語の基本は話し言葉（spoken language）であり、書き言葉（written language）は単

---

[43] 構造言語学とは、基本的には、ある特定の時期に使われている言語の構造や、それが持つ機能などを客観的に分析し、その変化の過程などとも比較しながら、その言語の仕組みを解説する学問です。この本のまえがきで述べた記述言語学とかなりの部分で共通します。

に話し言葉を記録したものに過ぎないとの見方がされています。例えば、著名な米国の構造言語学者であったヤコブソン（Roman Jacobson）は、[44]「書き記されたり、印刷された記号（文字）は、音を表す記号のための記号である」と述べています。このような構造言語学者達は、話し言葉とは、人間の考えや事象を音という記号で表現するものであり、書き言葉は、単にその話し言葉を文字という記号で記録したものに過ぎないと考えていたのです。

私達の使っている日本語においては、話し言葉と書き言葉は明らかに違っているのですが、英語の場合にも、両者の関係について、具体的な事例を考えてみると、この見方は正しいとはいえないのです。つまり、英語の場合にも、話し言葉で表現される内容と、書き言葉で表現される内容とが一致しない場合も数多くあり、両者が同じでないことは明らかです。

まず、そのことを示す一例として、話し言葉では違いが表現されるのに、書き言葉では、その違いが表現できない場合があります。それは、次の例のように、語のスペリングは同一であるのに、それぞれの表現する意味が複数ある**同綴異義語**（homograph）や、その発音方法も違う**同綴異音異義語**（heteronym）が存在しているからです。

・同綴異義語と同綴異音異義語の例

  bear : / bɛə/　　① 運ぶなど　② 熊
  read : / rid /　　① 読むなど　② （反芻動物の）第4胃
     / rɛd /　　読んだなど
  lead : / lid /　　導くなど
     / lɛd /　　鉛など

また、これとは逆に、書き言葉では違いが表現されるのに、話し言葉では、

---

[44] この表現は、1962年に発行されたヤコブソンの論文集の中の'Retrospect'で使われています。

その違いが表現できない場合があります。それを示す例としては、語のスペリングと表現される意味はそれぞれ違うのに、語の発音は同じである**同音異綴語**(homophone)の存在があります。

・同音異綴語の例

right, rite, wright, write: /raɪt/
rain, reign, rein: /reɪn/

このような例以外にも、英語の書き言葉では、一人称の人称代名詞や、固有名詞の頭文字は常に大文字化されますが、話し言葉では、そのような区別がされることはありません。そして、以上のような例を考えただけでも、英語における、話し言葉と書き言葉は、明らかに違っているといえるのです。

2.2　英語における書き言葉の基本的仕組み

英語における書き言葉は、基本的には、26個のアルファベット文字を使い、それらの各文字が話し言葉で使われる各音を表現する、**アルファベット文字体系**(alphabetic writing system)に基づいています。しかし、実際に、英語の書き言葉に使われている文字体系では、それらのアルファベット文字は、単に音を表すだけではなく、例えば、複数形の意味を表現するために使う形態素'-(e)s'を表す場合や、三人称単数現在形の動詞に付ける'-(e)s'のような、文法上の要素を表す形態素の場合にも使います。

このために、英語の書き言葉に使う文字体系は、純粋にアルファベット文字体系に基づいているとはいえません。また、英語の書き言葉においての、**音素**(phoneme)とそれに対応する [45] **字素**(grapheme)の関係も、単に一対一、または、一対多数の関係であるとは単純にいえないのです。

2.3　英語における文字とその発音の関係

　第Ⅱ章において、英語の各音素の発音を含む語を、例として取り上げましたが、基本的には、英語の各アルファベット文字は、それぞれが1つの音素に対応しています。しかし、同時に、次の例のように、数個の文字の連続した文字群（letter cluster）が、それぞれ1つの音素に対応している場合もあるのです。

・文字群が、一つの音素に対応している例

　　e<u>dge</u>　　→　/ dʒ /
　　<u>ligh</u>t　　→　/ t /
　　ma<u>tch</u>　　→　/ tʃ /

　英語の場合には、このように数個の文字の連続した文字群が、それぞれ1つの音素に対応している場合も存在することを考えると、単純に文字と発音を直接的に対応させていく考え方には無理があるといえます。
　また、英語の語のスペリングに使われている文字の中には、次の例のように、その文字自体の使用目的が発音されるためではなく、他の部分にある文字、または、文字群の発音の仕方を示す符号のような役割をしていると考えられる場合もあります。

・特定の文字が、他の部分の発音の仕方を示す符号の役割をする例

　　hat : / hæt /　→　hat<u>e</u> : / heɪt /　＊母音が重母音の発音に変化
　　mat : / mæt /　→　mat<u>e</u> : / meɪt /　＊母音が重母音の発音に変化

(45) 字素とは、専門的に使う用語で、ある言語の文字体系における最小の認識単位であり、英語の場合には、26個のアルファベット文字のことです。本書では、単に文字と表現します。

sit : / sɪt / → site : / saɪt / ＊母音が重母音の発音に変化
bath : / bæθ / → bathe : / beð /
　　　　　　　　　　　　　　＊母音が重母音に、また、子音が有声音の発音に変化
cut : / cʌt / → cute : / kjut / ＊子音の挿入と母音が長母音の発音に変化

　上の例で分かるように、語のスペリングの最後に'e'の文字が加わった場合には、その前にある母音が重母音、または、長母音で発音されるようになります。この事実より、語のスペリングの最後にある'e'の文字は、音として発音されるために使われているのではないと考えられるのです。
　このようにして、英語における文字とその発音との関係を考えていくと、両者の間にはかなり複雑な関係が存在しているといわざるを得ませんが、同時に、かなり規則的な説明をすることができる部分も多くあるといえます。

2.4　英語のスペリングと形態素の関係

　上の2.2でも少し触れましたように、英語のスペリングと、意味の表現に関係する単位である形態素との間には、密接な関係が存在しています。
　英語の多くの語は、単一で意味の表現に使われる自由形態素から形成されていますので、語のスペリングと形態素との関係を考える必要はありません。しかし、英語の語彙の中には、複数の形態素から形成されている語も数多くあります。
　例えば、'impossibility'という語は、'im-possibl-ity'のように3つの意味を表現する形態素から形成されていると考えられます。'im-'は、'not'という意味を表す、語頭に付く形態素で、両唇音に対応する文字である'p, b, m'以外の前では、この形態素は、'incorrect'のように'in-'とスペリングされます。また、'possibl-'は自由形態素で、本来は、'possible'とスペリングされます。そして、'-ity'は形容詞の後に付いて、形容詞を名詞に変える形態素です。
　また、一部の形態素は、英語の話し言葉において、それが連接される前後の

音の特性によって、その発音の仕方が変わる場合があります。このようにして、形態素の発音が連接される前後の音の影響により変化することを、専門的には**形態音素変化** (morphophonemic alternation) と呼んでいます。そして、ある１つの形態素について、いくつかの互いに違う発音の仕方と、それに対応するスペリングがある場合には、それらのことを**異形態** (allomorph) と呼んでいます。

上で説明した、'not' という意味を表す、語頭に付く形態素、'im-' と 'in-' はこの異形態の関係にあります。また、このような異形態が存在する形態素の例としては、次に示すように、複数形を表す形態素があります。

・複数形を表す形態素に存在する異形態の例

　　cat-s : 　/ kæts /
　　dog-s : 　/ dɔgz /
　　potato-es : 　/ pətetoz /
　　dish-es : 　/ dɪʃɪz /

これらの例から、英語の複数形を表す形態素には、/s/、/z/、/ɪz/ の３つの発音の仕方があり、'-s' と '-es' ２通りのスペリングが使われていることが分かります。また、このような複数形を表す形態素の発音の変化は、次に示すような規則に基づいて起っていることも分かります。そして、このように、ある形態素の発音が特定の規則に基づいて変化するような場合には、その形態素のことを**形態音素** (morphophoneme) と呼んでいます。

・複数形を表す形態音素の発音の規則

　　/ s / : 　無声音で終わる語に連接される場合
　　/ z / : 　有声音で終わる語に連接される場合
　　/ ɪz / : 　シビラント (sibilant) と呼ばれる、強い摩擦音 / s, z, ʃ, ʒ, tʃ, dʒ / で終わる語に連接される場合

また、このような、発音が変化する形態音素は、そのスペリングにも影響を与え、'-s'と'-es'2通りのスペリングが使われていることも分かります。

2.5　英語のスペリング方式の基本的仕組み

近年における、コンピュータの汎用化とそれの言語学の分野への応用の進展によって、一般的には、複雑で不規則であると思われてきた英語のスペリング方式の分析と研究は、かなりの進歩を遂げてきました。そして、そのような[46]研究の成果として、英語のスペリング方式には、以前に考えられていたものより、もっと高度で複雑な規則性が存在していることが明らかになってきました。つまり、2.2でも触れましたように、英語のスペリング方式は、単に個々の音に対応しているだけではなく、形態素や形態音素などの文法上の単位にも関係していることが、より明確に、より詳細に分かってきたのです。

そして、このような最近におけるスペリング方式の研究の結果から、英語のスペリング方式の仕組みを考える場合には、従来からある、スペリングとその発音を関連付けて考える見方と同時に、その中にある形態素や形態音素の存在や、その中の特定の文字や文字群が、他の部分のスペリングの発音に関連しているとの見方についても考える必要があるといえるのです。

2.5.1　語のスペリングにおける子音字の使用とその発音

英語の子音字とは、アルファベットの26字の中の、'a,e,i,o,u'の5文字以

---

[46] このような研究の中でも、特に、1970年に発行されたベネッツキィ（Richard Venezky）の著書で紹介されている研究の分析結果は、大変に詳細ですぐれたものです。この章の2.5.1および2.5.2で説明する、英語の語のスペリング方式の基本的仕組みについては、彼の分析結果などを参考にしています。

外の21文字で、基本的には子音の発音に対応している文字のことです。そして、それら子音字、または、子音字の組合わされた子音字群は、語のスペリングをする際に、基本的には、次のような位置で使われています。また、それらの子音字および子音群に対応する発音についても、その主なものは、次に示す通りです。

・'b'の文字の使われ方

　〔語の中での使われる位置〕
　ほとんどの場合には、語頭と語中の文字として使われ、'tomb'のように、語末の文字として使われることはあまり多くありません。

　〔語の中での発音のされ方〕
　1. 多くの場合には、この文字は/b/と発音されます。
　2. 'bdellium'のように、語頭に'bd'や、'comb'のように、語末に'mb'の子音字群のある語では、その中の'b'は発音されません。しかし、'bombard'のように、語中に'mb'の子音字群のある語では、その中の'b'が発音されます。
　3. 'debt'のように、'bt'の子音字群のある語では、その中の'b'は発音されません。

・'c'の文字の使われ方

　〔語の中での使われる位置〕
　多くの場合には、語頭と語中の文字として使われ、'atomic'のように、最後にくる'ic'の文字群でもよく使われます。また、'arc'、'havoc'、'zodiac'のような外来語の語末の文字としても使われます。

　〔語の中での発音のされ方〕
　1. 多くの場合には、この文字は/k/と発音されます。

2. 'e'、'i'、'y' の前では、この文字は /s/ と発音されます (cent, cider, cycle)。但し、'sceptic' などは例外です。
3. この文字は /ʃ/ と発音される場合もあります (musician, social)。
4. 'cello' では、この文字は /tʃ/ と発音されます。
5. 'czar'、'muscle'、'victual' のような語では、'c' は発音されません。

・'ch' の文字群の使われ方

〔語の中での使われる位置〕

多くの場合には、語頭と語中の文字群として使われ、'church' のように、語末の文字群として使われることはあまり多くありません。

〔語の中での発音のされ方〕
1. 多くの場合には、この文字群は /tʃ/ と発音されます。
2. 'e'、'i'、'r' の前では、この文字群は /k/ と発音される場合もあります (ache, chemical, Christmas)。
3. フランス語を語源とする語では、この文字群は /ʃ/ と発音されます (chassis, chauvinist, chute)。
4. 'drachm'、'fuchsia'、'yacht' のような語では、'ch' は発音されません。

・'d' の文字の使われ方

〔語の中での使われる位置〕

この文字は、語頭、語中、語末のいずれの位置でも使われます。

〔語の中での発音のされ方〕
1. 基本的には、この文字は /d/ と発音されます。
2. 過去形を表す形態音素 '-(e)d' は、/t/ (無声音の後)、/d/ (有声音の後)、/ɪd/ (/t/, /d/ の後) の3通りに発音されます。

・'f' の文字の使われ方

〔語の中での使われる位置〕
　この文字は、語頭、語中、語末のいずれの位置でも使われます。

〔語の中での発音のされ方〕
1. 基本的には、この文字は / f / と発音されます。
2. 'of' でのみ、この文字は / v / と発音されます。
3. 'kni<u>f</u>e'、'lea<u>f</u>'、'wi<u>f</u>e' のような語では、複数形になると、'kni<u>v</u>es'、'lea<u>v</u>es'、'wi<u>v</u>es' のように、'v' のスペリングとその発音に変わります（ただし、'beliefs' のような例外もあります）。
4. 'belie<u>f</u>'、'hal<u>f</u>'、'li<u>f</u>e' のような名詞は、動詞形になると、'belie<u>v</u>e'、'hal<u>v</u>e'、'li<u>v</u>e' のように、'v' のスペリングとその発音に変わります。このような 'v' への転化は、他の語でも見られます。

・'g' の文字の使われ方

〔語の中での使われる位置〕
　ほとんどの場合には、語頭と語中の文字として使われますが、一部の単音節の語では、語末の文字として使われる場合もあります。

〔語の中での発音され方〕
1. 多くの場合には、この文字は / g / と発音されます。
2. 'e'、'i'、'y' の前では、この文字は / dʒ / と発音されます（genaral, gin, gymnastics）。また、他の場合でも、/ dʒ / と発音されることがあります（gaol, margarine）。
3. この文字は / ʒ / と発音される場合もあります（garage, massage）。
4. 'sin<u>g</u>' のように、'ng' の子音字群のある語では、その中の 'g' は発

音されません。しかし、'stronger'のように、比較級や、最上級で使う'ng'の子音字群のある語では、その中の'g'が発音されます。
5. 'gnaw'のように、語頭に'gn'の子音字群のある語では、その中の'g'は発音されません。また、'sign'、'paradigm'のように、語末に'gn'、'gm'の子音字群のある語でも、その中の'g'は発音されません。

・'gg'の文字群の使われ方

〔語の中での使われる位置〕
　この文字群は、語末か語中の限られた位置でしか使われません。語末で使われるのは、'egg'などの場合だけです。また、語中で使われるのは、その後に'a'、'er'、'y'がある場合（baggage, dagger, baggy）や、'l'、'o'、'r'がある場合が主です（giggle, maggot, aggrandize）。

〔語の中での発音のされ方〕
1. 多くの場合には、この文字群は/g/と発音されます。
2. この文字群は/ʤ/と発音される場合もあります（exaggerate, suggest）。

・'gh'の文字群の使われ方

〔語の中での使われる位置〕
　多くの場合には、語頭と語末の文字群として使われ、'spaghetti'のように、語中の文字群として使われることはあまり多くありません。

〔語の中での発音のされ方〕
1. 多くの場合には、この文字群は発音されません。
2. この文字群は/f/と発音される場合もよくあります（clough, enough, tough）。
3. 語頭では、この文字群は/g/と発音されます（ghat, ghetto, ghost）。

また、語中や語末でも、/g/と発音される場合があります（aghast, dinghy, burgh）。
  4. この文字群は/k/と発音される場合もあります（hough）。

・'h'の文字の使われ方

　〔語の中での使われる位置〕
　ほとんどの場合には、語頭と語中の文字として使われますが、'oh'のように、語末の文字として使われ、その前の母音の長母音化を示す役割をしている場合もあります。

　〔語の中での発音のされ方〕
  1. 多くの場合には、この文字は/h/と発音されます。
  2. 語頭では、この文字は発音されない場合も多くあります（honest, honor, hour）。

・'j'の文字の使われ方

　〔語の中での使われる位置〕
　ほとんどの場合には、語頭の文字として、'o'、'u'の前で使われますが、'hallelujah'のような一部の語では、語中の文字として使われる場合もあります。

　〔語の中での発音のされ方〕
  1. 多くの場合には、この文字は/dʒ/と発音されます。
  2. 'bijou'では、この文字は/ʒ/と発音されます。
  3. 'hallelujah'では、この文字は/j/と発音されます。
  4. 'marijuana'では、この文字は発音されない場合もあります。

- 'k' の文字の使われ方

〔語の中での使われる位置〕
　一般的には、語頭の文字として、'e'、'i' の前と、'kn' の子音字群で使われます。また、語中でも、'e'、'i' の前で使われます。そして、語末では、'ea'、'ee'、'oa'、'oo' の文字群と、'l'、'r'、'n'、's' の後で使われます。

〔語の中での発音のされ方〕
1. この文字は /k/ と発音されます。
2. 'know' のように、語頭に 'kn' の子音字群のある語では、その中の 'k' は発音されません。
3. 'speak'、'leak' のような動詞は、名詞形になると、'speech'、'leach' のように、'ch' のスペリングに変わり、発音も /tʃ/ に変わります。

- 'l' の文字の使われ方

〔語の中での使われる位置〕
　この文字は、語頭、語中、語末のいずれの位置でも使われます。

〔語の中での発音のされ方〕
1. 基本的には、この文字は /l/ と発音されます。
2. 'colonel' では、この文字は短い /r/ と発音される場合（イギリス英語主体）があります。
3. 'could' のように、語末に 'ld' の子音字群のある語では、その中の 'l' は発音されません。また、語末に 'lf'、'lm' の子音字群のある語でも、その中の 'l' は発音されません (calf, half, calm)。

- 'm' の文字の使われ方

  〔語の中での使われる位置〕
  この文字は、語頭、語中、語末のいずれの位置でも使われます。

  〔語の中での発音のされ方〕
  1. 基本的には、この文字は /m/ と発音されます。
  2. 'acco<u>m</u>pt'、'co<u>m</u>ptroller' では、この文字は例外的に、/n/ と発音されます。
  3. '<u>m</u>nemonic' のように、語頭に 'mn' の子音字群のある語では、その中の 'm' は発音されません。

- 'n' の文字の使われ方

  〔語の中での使われる位置〕
  この文字は、語頭、語中、語末のいずれの位置でも使われますが、語中および語末でより多く使われます。

  〔語の中での発音のされ方〕
  1. 基本的には、この文字は /n/ と発音されます。
  2. 'k'、'g' の前では、この文字は /ŋ/ と発音されます（si<u>n</u>k, so<u>n</u>g）。ただし、'con-'、'in-'、'syn-'、'un-' のような形態素のスペリングの場合は除きます。
  3. 'kil<u>n</u>' では、この文字は発音されない場合もあります。

- 'p' の文字の使われ方

  〔語の中での使われる位置〕
  この文字は、語頭、語中、語末のいずれの位置でも使われます。

〔語の中での発音のされ方〕
1. 基本的には、この文字は/p/と発音されます。
2. 語頭に'pn''ps'の子音字群のある語では、その中の'p'は発音されません（pneumonia, psychology）。
3. 一部の語でも、この文字は発音されません（corps, coup, receipt）。

・'ph'の文字群の使われ方

〔語の中での使われる位置〕
　この文字群は、語頭、語中、語末のいずれの位置でも使われますが、使われる頻度はあまり多くはありません。

〔語の中での発音のされ方〕
1. 基本的には、この文字群は/f/と発音されます。
2. 語頭では、'th'の子音字群の前にある場合には、この文字群は発音されない場合もあります（phthalin, phthisis）。

・'q'の文字の使われ方

〔語の中での使われる位置〕
　多くの場合には、この文字は、語頭と語中だけで使われますが、主に、'u'の前で使われます。

〔語の中での発音のされ方〕
　基本的には、この文字は/k/と発音されます。

・'r' の文字の使われ方

〔語の中での使われる位置〕
　この文字は、語頭、語中、語末のいずれの位置でも使われます。

〔語の中での発音のされ方〕
　基本的には、この文字は/r/と発音されますが、特にイギリス英語では、語末の'r'は発音されない傾向にあります。

・'rh' の文字群の使われ方

〔語の中での使われる位置〕
　この文字群は、語頭では、母音字の前で使われます（rheumatic, Rhine, rhino）。また、語中、語末では、母音字の後にある'rrh'の子音字群で使われますが稀です（arrhythmia, catarrh）。

〔語の中での発音のされ方〕
　基本的には、この文字群は/r/と発音されます。

・'s' の文字の使われ方

〔語の中での使われる位置〕
　この文字は、語頭、語中、語末のいずれの位置でも使われ、しばしば、'stl' 'spr' のような語頭の子音字群で使われます。

〔語の中での発音のされ方〕
　1. 基本的には、この文字は有声音の後で/z/と発音されます。
　2. 基本的には、この文字は無声音の後では/s/と発音されます。また、語頭でも、/s/と発音されます。

3. 一部の語では、この文字は発音されません（ai_s_le, corp_s_（単数形）, i_s_land）。
4. 1音節語では、この文字は/s/と発音されますが、多音節語の強勢が付加される音節では、/z/と発音されます（_s_ign, re_s_ign, _s_olve, re_s_olve）。
5. 複数形を表す形態音素'-(e)s'は、/s/（無声音の後）、/z/（有声音の後）、/ɪz/（シビラントの後）の3通りに発音されます。
6. 名詞の'hou_s_e'と'u_s_e'、また、形容詞の'clo_s_e'のような語では、この文字は/s/と発音されますが、それらが動詞形になると、/z/と発音されます。

・'sh'の文字群の使われ方

〔語の中での使われる位置〕
　この文字群は、語頭、語中、語末のいずれの位置でも使われます。

〔語の中での発音のされ方〕
　基本的には、この文字群は/ʃ/と発音されます。

・'t'の文字の使われ方

〔語の中での使われる位置〕
　この文字は、語頭、語中、語末のいずれの位置でも使われます。

〔語の中での発音のされ方〕
1. 基本的には、この文字は/t/と発音されます。
2. 'tion'の文字群のある語では、この文字は/ʃ/と発音されます（men_t_ion, na_t_ional, sta_t_ion）。但し、例外的に、'equation'では、/ʒ/と発音されることもあります。
3. 無強勢の母音の前では、この文字は/tʃ/と発音されます（crea_t_ure,

na<u>t</u>ural, struc<u>t</u>ure)。
4. 'debu<u>t</u>'、'depo<u>t</u>'、'hau<u>t</u>boy'、'mor<u>t</u>gage'のようなフランス語を語源とする語では、't'は発音されません。また、同様に、'buffe<u>t</u>'や'vale<u>t</u>'のようなフランス語を語源とする語では、特定の品詞として発音する場合には、語末の't'が発音されないことがあります（'buffe<u>t</u>'の形容詞形など）。
5. 語中に'stl'の子音字群のある語では、その中の't'は発音されません (ca<u>st</u>le, ho<u>st</u>ler, hu<u>st</u>le)。

・'th'の文字群の使われ方

〔語の中での使われる位置〕
　この文字群は、語頭、語中、語末のいずれの位置でも使われます。

〔語の中での発音のされ方〕
1. この文字群は/θ/と発音されます (bo<u>th</u>, mou<u>th</u>, <u>th</u>ree)。
2. この文字群は/ð/と発音されます (<u>th</u>ere, <u>th</u>is, rhy<u>th</u>m)。また、語末では、この文字群に'e'が付くと、/ð/と発音されます (ba<u>th</u>e, brea<u>th</u>e, clo<u>th</u>e)。
3. 語頭では、この文字群は/t/と発音される場合もあります (<u>Th</u>ai, <u>Th</u>ames, <u>th</u>yme)。
4. 'as<u>th</u>ma'、'is<u>th</u>mus'のような語では、'th'は発音されません。

・'u'の文字の使われ方（子音の発音に対応する場合）

〔語の中での使われる位置〕
　この文字は、本来は母音字ですが、基本的に、'qu'と'gu+母音字'の文字群では、子音に対応する文字として使われます。

〔語の中での発音のされ方〕
1. 語頭に‘qu’の文字群のある語では、この文字は/w/と発音されます（queen, quiet, quote）。
2. 一部の語頭と、語中に‘qu’の文字群のある語では、この文字は発音されない場合もあります（quay, liquor, piquant）。
3. ‘gu + 母音字’の文字群のある語では、この文字は発音されません（guard, guide, guitar）。

・‘v’の文字の使われ方

〔語の中での使われる位置〕
　多くの場合には、この文字は、語中で使われます。また、語頭でも使われますが、語末で使われることはほとんどありません。

〔語の中での発音のされ方〕
1. 基本的には、この文字は/v/と発音されます。
2. ‘wine’の関連語や派生語では、‘v’のスペリングとその発音が使われます（vine, vinous, vintage）。

・‘w’の文字の使われ方

〔語の中での使われる位置〕
　多くの場合には、この文字は、母音字の前の語頭で使われますが、語中で使われることもあります。

〔語の中での発音のされ方〕
1. 多くの場合には、この文字は/w/と発音されます。
2. ‘ow’の文字群のある語では、この文字は重母音化を示し、/o/として発音されます（slow, sow, tow）。

3. 'answer'、'sword' のような語では、この文字は発音されません。

・'wh' の文字群の使われ方

〔語の中での使われる位置〕
この文字群は、語頭でしか使われません。

〔語の中での発音のされ方〕
1. 基本的には、この文字群は /hw/ と発音されます。
2. 一部の語では、この文字群は /h/ と発音される場合もあります (who, whole, whose)。

・'x' の文字の使われ方

〔語の中での使われる位置〕
多くの場合には、この文字は、語中と語末で使われますが、一部の語では、語頭で使われる場合もあります。

〔語の中での発音のされ方〕
1. 基本的には、この文字は / ks / と発音されます。
2. 基本的には、語頭で、この文字は /z/ と発音されます (xenon, Xerox, xylose)。
3. 一部の語では、この文字は /ɡz/ と発音される場合もあります (auxiliary, luxuriant, luxurious)。

・'y' の文字の使われ方

〔語の中での使われる位置〕
この文字は、語頭、語中、語末のいずれの位置でも使われます。

〔語の中での発音のされ方〕
1. 語頭では、この文字は/j/と発音されます（yellow, yes, young）。
2. 多くの場合には、語中と語末で、この文字は/ɪ/と発音されます（gymnast, hymn, study）。
3. 語中では、この文字は/aɪ/と発音される場合もあります（cycle, style, lyre）。

・'z'の文字の使われ方

〔語の中での使われる位置〕
　多くの場合には、この文字は、語頭と語中で使われますが、語末で使われることもあります。

〔語の中での発音のされ方〕
1. 基本的には、この文字は/z/と発音されます。
2. 'tz'の子音字群のある語では、/ts/と発音されます（quartz）。

・'ck'、'dg'、'tch'の文字群の使われ方

〔語の中での使われる位置〕
　これらの文字群は、母音字の後の語中と語末で使われます。

〔語の中での発音のされ方〕
1. 'ck'の文字群は/k/と発音されます（black, sick, tick）。
2. 'dg'の文字群は/dʒ/と発音されます（edge, midget, ridge）。
3. 'tch'の文字群は/tʃ/と発音されます（catch, hatch, match）。

・'gn'、'kh'、'sch'の文字群の使われ方

〔語の中での使われる位置〕
　多くの場合には、これらの文字群は、外来語を語源とする語のスペリングに使われています。

〔語の中での発音のされ方〕
1. 'gn'の文字群は、'champagne'では/n/と発音されます。また、/nj/と発音される場合もあります（mig<u>gn</u>onette, vi<u>gn</u>ette）。
2. 'kh'の文字群は/k/と発音されます（<u>kh</u>aki, <u>kh</u>an, <u>kh</u>edive）。
3. 'sch'の文字群は基本的に、/ʃ/と発音されます（<u>sch</u>av, <u>sch</u>ist, <u>sch</u>wa）。

2.5.2　語のスペリングにおける母音字の使用とその発音

　英語の母音字とは、アルファベットの26字の中の、'a, e, i, o, u'の5文字で、基本的には母音の発音に対応している文字です。ただし、'u'については、2.5.1でも説明したように、子音の発音に対応して使われている場合もあります。
　英語の5つの母音字は、12個の基本的な母音音素の発音と、さらに、それらを組合わせて連続的な音として発音する、重母音の発音との両方に対応しているために、子音字の場合に比べてはるかに複雑です。そして、この母音字とその発音との関係には、基本的な部分ではある程度の規則性は存在していますが、同時に、かなりの部分で、両者の関係は不規則で大変に複雑です。このため、英語の語彙にあるすべての語について、母音字とその発音の関係を詳細に説明することは、非常に困難なことであるといえます。
　ここでは、語の中で使われている母音字と、その発音の関係に存在する最も基本的な規則性について、主としてアメリカ英語を基に考えてみます。

2.5.2.1 母音字とその基本的発音

英語の語において、5つの母音字は次に示すように、基本的には、[47] **自由母音**（free vowel）と [48] **抑止母音**（checked vowel）の2種類の母音、または、重母音の音として発音されます。下の例では、1.で自由母音として、2.で抑止母音としての発音をそれぞれ示しています。そして、各母音字がそのように発音されるのは、複音節から形成されている語では、その母音字に強勢が付けられいて、その母音字の前後での文字の並びが、次の①から③のような場合が多いのです。

・母音字'a'とその基本的発音

	語	文字の並び
1. /e/:	①capable, fatal, laden	a + 子音字 + 母音字
	②able, ladle, stable	a + 子音字 + l + 母音字
	③ate, hate, skate	a + 子音字 + e
2. /æ/:	①badge, sandy, tank	子音字 + a + 子音字
	②add, cattle, saddle	a + 同じ子音字 × 2
	③cab, dad, sat	a + 語末の子音字

---

[47] 自由母音とは、音節の最後が母音で終わる開音節（open syllable）でも、また、子音で終わる閉音節（closed syllable）でも発音される母音のことです。英語では、一般的に長母音と重母音を指します。

[48] 抑止母音とは、子音で終わる閉音節のみで発音される母音のことです。英語では、一般的に短母音を指します。

・母音字'e'とその基本的発音

	語	文字の並び
1. /iː/ :	①del<u>e</u>tion, l<u>e</u>gal, m<u>e</u>dial	e + 子音字 + 母音字
	②d<u>e</u>class, s<u>e</u>cret, z<u>e</u>bra	e + 子音字 + l/r + 母音字
	③c<u>e</u>te, compl<u>e</u>te, P<u>e</u>te	e + 子音字 + e
2. /ε/ :	①b<u>e</u>st, k<u>e</u>pt, n<u>e</u>gligence	子音字 + e + 子音字
	②ant<u>e</u>nna, p<u>e</u>llet, s<u>e</u>ttle	e + 同じ子音字 × 2
	③l<u>e</u>d, sp<u>e</u>d, s<u>e</u>t	e + 語末の子音字

・母音字'i'とその基本的発音

	語	文字の並び
1. /aɪ/ :	①p<u>i</u>lot, p<u>i</u>pe, s<u>i</u>lo	i + 子音字 + 母音字
	②<u>i</u>dle, <u>i</u>sland, m<u>i</u>crowave	i + 子音字 + l/r + 母音字
	③h<u>i</u>de, s<u>i</u>de, s<u>i</u>te	i + 子音字 + e
2. /ɪ/ :	①ch<u>i</u>cken, l<u>i</u>st, t<u>i</u>lt	子音字 + i + 子音字
	②f<u>i</u>ddle, f<u>i</u>ll, t<u>i</u>ll	i + 同じ子音字 × 2
	③l<u>i</u>d, sp<u>i</u>t, s<u>i</u>t	i + 語末の子音字

・母音字'o'とその基本的発音

	語	文字の並び
1. /o/ :	①b<u>o</u>nus, f<u>o</u>lio, v<u>o</u>gue	o + 子音字 + 母音字
	②b<u>o</u>gle, ign<u>o</u>bly, n<u>o</u>ble	o + 子音字 + l/r + 母音字/y
	③h<u>o</u>pe, p<u>o</u>le, r<u>o</u>de	o + 子音字 + e

2. /ɑ/： ①c<u>o</u>py, m<u>o</u>nster, sc<u>o</u>nce　　子音字 + o + 子音字
　　　　　②h<u>o</u>bble, g<u>o</u>ssip, p<u>o</u>ssible　　o + 同じ子音字 × 2
　　　　　③c<u>o</u>d, sp<u>o</u>t, p<u>o</u>p　　　　　　o + 語末の子音字

・母音字 'u' とその基本的発音

　　　　　　　　　語　　　　　　　　　　文字の並び
1. /(j)u/： ①c<u>u</u>bic, d<u>u</u>bious, t<u>u</u>mid　　u + 子音字 + 母音字
　　　　　　②l<u>u</u>cre, p<u>u</u>trid, <u>u</u>tricle　　u + 子音字 + l/r + 母音字
　　　　　　③c<u>u</u>te, m<u>u</u>te, t<u>u</u>be　　　　 u + 子音字 + e

2. /ʌ/： ①l<u>u</u>nch, l<u>u</u>xury, s<u>u</u>n　　　　子音字 + u + 子音字
　　　　　②b<u>u</u>ddy, b<u>u</u>ff, s<u>u</u>pper　　　u + 同じ子音字 × 2
　　　　　③b<u>u</u>d, c<u>u</u>t, st<u>u</u>b　　　　　　u + 語末の子音字

　もちろん、これらの例は、各母音字の一般的によく使われる基本的な発音を示していますので、これらの例外となる語も数多くあります。
　例えば、各母音字の 1 - ③（各母音字 + 子音字 + e）と同じ文字並びにある場合でも、次のような語の下線のある母音字の発音は例外となります。

・母音字 'a' の例外的発音となる語

　/ɑ/： <u>a</u>re, gar<u>a</u>ge, mass<u>a</u>ge, mir<u>a</u>ge, pot<u>a</u>ge
　/æ/： h<u>a</u>ve

・母音字'e'の例外的発音となる語

/ɛ/ : th<u>e</u>re, wh<u>e</u>re
/e/ : f<u>e</u>te
/ə/ : w<u>e</u>re

・母音字'i'の例外的発音となる語

/i/ : mach<u>i</u>ne, mar<u>i</u>ne, pol<u>i</u>ce, rout<u>i</u>ne

・母音字'o'の例外的発音となる語

/ʌ/ : ab<u>o</u>ve, c<u>o</u>me, d<u>o</u>ne, gl<u>o</u>ve, l<u>o</u>ve, s<u>o</u>me
/u/ : l<u>o</u>se, m<u>o</u>ve, pr<u>o</u>ve, wh<u>o</u>se
/ɔ/ : g<u>o</u>ne

2.5.2.2 母音字の発音と連接されるスペリングの関係

英語の5つの母音字の発音と、それに連接される文字や、文字群との間には、既に示しましたように、一部においては、規則的な関係が存在する場合があります。そして、さらに、そのような規則的な関係を両者の間に成立させる文字群として、語末に連接される接尾辞（形態素）があります。

次の例に示すように、語に接尾辞（形態素）が連接された場合には、自由母音（長母音または重母音）として発音される語中の母音字が規則的に抑止母音（短母音）の発音に変る場合があります。

・接尾辞の連接で母音字の発音が規則的に変化する例

連接される接尾辞	自由母音での発音	抑止母音での発音
- ity	/ aɪ / : div<u>i</u>ne	/ ɪ / : div<u>i</u>nity
	/ i / : extr<u>e</u>me	/ ε / : extr<u>e</u>mity
- ic	/ e / : <u>a</u>ngel	/ æ / : <u>a</u>ngelic
	/ o / : c<u>o</u>ne	/ ɑ / : c<u>o</u>nic
- sion	/ aɪ / : coll<u>i</u>de	/ ɪ / : coll<u>i</u>sion
	/ aɪ / : dec<u>i</u>de	/ ɪ / : dec<u>i</u>sion

また、次に示す例のように、母音字が、特定の文字か文字群に連接されると、その母音字の発音がほぼ規則化する場合があります。

・特定の文字（文字群）の連接で母音字の発音が規則化する例

連接される文字（文字群）	母音字の発音
l + 子音字	/ ɔ / : <u>a</u>lter, c<u>a</u>ll, m<u>a</u>lt, s<u>a</u>lt, t<u>a</u>lk, t<u>a</u>ll
gh（t）（語末）	/ aɪ / : h<u>i</u>gh, l<u>i</u>ght, m<u>i</u>ght, s<u>i</u>gh, s<u>i</u>ght, t<u>i</u>ght
nd（語末）	/ aɪ / : beh<u>i</u>nd, k<u>i</u>nd, m<u>i</u>nd, r<u>i</u>nd, w<u>i</u>nd（巻く）
ld（語末）	/ aɪ / : ch<u>i</u>ld, m<u>i</u>ld, w<u>i</u>ld

2.5.2.3　母音字群とその基本的発音

英語において、語の中で母音字が連続的に使われる母音字群は、母音字の数が少ないことと、そのらの母音字の組合わせのパターンが限定されているために、その種類はあまり多くはありません。そして、これらの母音字群と、その

発音との関係についても、ある程度の規則性は存在していますが、両者の関係は、これまで説明してきた場合と同様に、多くの部分で不規則であり、また、複雑であるといわざるを得ません。

このために、ここでは、英語の語の中で使われている主な母音字群について、それらに対応する一般的な発音と主な例外的な発音の仕方を考えてみます。

・一定の規則性が存在する母音字群とその基本的発音

母音字群	一般的発音	例外的発音
ai / ay	/ e / : b<u>ai</u>t, s<u>ai</u>l, st<u>ay</u>	/ ɪ / : capt<u>ai</u>n
		/ ɛ / : s<u>ai</u>d
		/ aɪ / : <u>ai</u>sle
au / aw	/ ɔ / : <u>au</u>to, c<u>au</u>se, l<u>aw</u>	/ e / : g<u>au</u>ge
		/ æ / : l<u>au</u>gh
		/ aʊ / : g<u>au</u>ss
ea	/ i / : m<u>ea</u>n, t<u>ea</u>ch, r<u>ea</u>ch	/ e / : br<u>ea</u>k
		/ ɛ / : h<u>ea</u>lth
ee	/ i / : bl<u>ee</u>d, k<u>ee</u>n, s<u>ee</u>d	/ ɪ / : b<u>ee</u>n
		/ e / : matin<u>ee</u>
ei / ey	/ e / : r<u>ei</u>n, ob<u>ey</u>, th<u>ey</u>	/ i / : k<u>ey</u>
		/ ɛ / : h<u>ei</u>fer
		/ aɪ / : h<u>ei</u>ght
eu / ew	/(j)u / : f<u>eu</u>d, f<u>ew</u>, kn<u>ew</u>	/ o / : s<u>ew</u>
ie	/ i / : ch<u>ie</u>f, f<u>ie</u>ld, y<u>ie</u>ld	/ ɪ / : mov<u>ie</u>

	/ aɪ / : d<u>ie</u>, t<u>ie</u>, v<u>ie</u>	/ ε / : fr<u>ie</u>nd
oa	/ o / : b<u>oa</u>t, g<u>oa</u>l, g<u>oa</u>t	/ ɔ / : br<u>oa</u>d
oi / oy	/ ɔɪ / : c<u>oi</u>n, s<u>oi</u>l, t<u>oy</u>	/ ə / : porp<u>oi</u>se
oo	/ u / : b<u>oo</u>m, f<u>oo</u>d, t<u>oo</u>l	/ ʊ / : b<u>oo</u>k
		/ ʌ / : fl<u>oo</u>d
		/ o / : br<u>oo</u>ch
ou/ow	/ aʊ / : ab<u>ou</u>t, st<u>ou</u>t, t<u>ow</u>el	/ o / : t<u>ow</u>
		/ u / : s<u>ou</u>p
		/ ʊ / : w<u>ou</u>ld
		/ ɔ /: c<u>ou</u>gh
		/ ʌ / : y<u>ou</u>ng
ui	/(j)u / : fr<u>ui</u>t, n<u>ui</u>sance, s<u>ui</u>t	/ ɪ / : circ<u>ui</u>t

2.5.2.4　母音字'i'と子音字'y'の関係

　英語の語のスペリングにおいて、母音字'i'と、母音に対応する文字として使われることもある子音字'y'との間には、ある特定の基本的な相関関係があると考えられます。

　次の例のように、母音字'i'と、母音に対応する子音字'y'が両方とも使われている、いくつかの語のスペリングを考えますと、母音字'i'は語頭と語中では使われますが、語末では使われないことが分かります。また、子音字'y'は語末では使われますが、語中では使われないことが分かります。

・ スペリングに‘i’と‘y’が両方とも使われている語の例

　　indicatory, inflationary, injury, inlay, inquiry, intensity

　このように、語のスペリングに使われる母音字‘i’と、母音に対応する子音字‘y’との関係を考えますと、両者は、基本的に、[49] 相補的分布の関係にあるといえます。
　もちろん、英語の一部の語では、例えば、‘cycle’や‘rhythm’などのように、語中で‘y’が使われている場合があります。しかし、このような母音に対応する子音字‘y’を語中に使う例外的なスペリングの語は、主として、ギリシャ語やラテン語を語源としているためと考えられます。そして、この章の1.2.2でも説明しましたが、これらの例外的な語のスペリングは、それらの語が、英語本来の語ではなく、外来語であることを明白に表すために、意図的に使われているといえるのです。
　また、この英語の母音字‘i’と子音字‘y’の関係については、次の(1)と(2)で示すように、特定の接尾辞（形態素）が連接される場合には、その2つの文字がほぼ規則的に交替（alternation）することが分かります。そして、このような母音字‘i’と子音字‘y’が交替する仕組みについては、この章で説明した、英語のスペリング方式に関する、いくつかの規則を適用して考えれば理解できます。

(1) 語末の‘ie’に接尾辞‘-ing’が連接される場合

　この章の1.2.2でも述べましたが、英語の‘ie’で終わる語は、‘i’で終わるのを防ぐために、意図的に‘e’を加えていると考えられます。このため、次の3

---

[49] 相補的分布の関係とは、二者の関係において、一方のことが起こる状況では、他方のことは起こり得ないという関係のことを指しています。第Ⅲ章の2.2でも、音素と音の関係の説明で、これについて触れています。

つの例語のように、語末が'ie'で終わる語に、現在分詞を表す接尾辞'-ing'が連接される場合には、母音字が3文字連続するようになることを防ぐために、まず、'e'が取り除かれます。その後、語末となる'i'が'y'に替えられ、それに接尾辞'ing'が連接されると説明することができます。

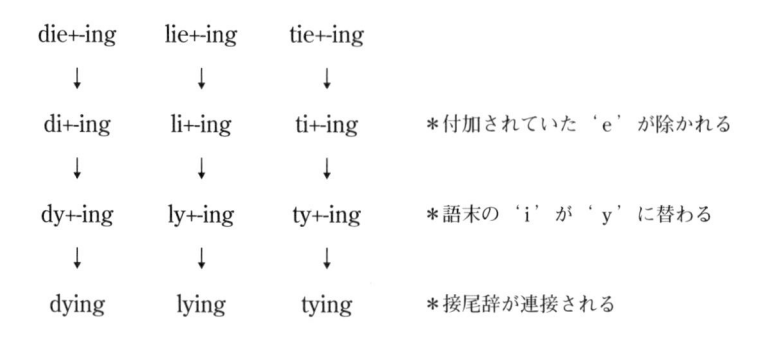

  die+-ing lie+-ing tie+-ing
   ↓   ↓   ↓
  di+-ing li+-ing ti+-ing ＊付加されていた'e'が除かれる
   ↓   ↓   ↓
  dy+-ing ly+-ing ty+-ing ＊語末の'i'が'y'に替わる
   ↓   ↓   ↓
  dying   lying   tying ＊接尾辞が連接される

(2) 語末の'y'に接尾辞'-er'が連接される場合

 上で述べましたが、英語の語のスペリングでは、一部の外来語を除いて、基本的に、語中で'y'は使われません。このため、次の3つの例語のように、語末が'y'で終わる語に、比較級を表す接尾辞'-er'が連接される場合には、'y'が語中で使われるようになることを防ぐために、'y'が'i'に替えられた後、それに接尾辞'-er'が連接されると説明することができます。

  heavy + -er pretty + -er skinny + -er
   ↓   ↓   ↓
  heavi + -er pretti + -er skinni + -er ＊語末の'y'が'i'に替わる
   ↓   ↓   ↓
  heavier   prettier   skinnier ＊接尾辞が連接される

2.5.2.5　語の発音に関する情報を表す文字

　この章の2.3でも説明しましたが、英語の語のスペリングに使われている文字の中には、その文字自体が発音されるために使用されるのではなく、他の部分にある文字、または、文字群の発音の仕方を示すための符号のような役割をしていると考えられるものがあります。
　例えば、母音字'e'が語末で使われている場合には、次の例に示すように、いろいろな発音に関する情報を表していると考えられます。

・語末の母音字'e'が表す発音に関する情報

(1) 語末の母音字'e'は、その前にある母音字が自由母音（長母音、または、重母音）として発音されることを表しています。

　　/ aɪ /：b<u>i</u>te, c<u>i</u>te, k<u>i</u>te
　　/(j)u/：c<u>u</u>te, l<u>u</u>te, m<u>u</u>te

(2) 語末の母音字'e'は、その前にある子音字'c'が/s/の音で発音されることを表しています。

　　hen<u>c</u>e, ni<u>c</u>e, ri<u>c</u>e

(3) 語末の母音字'e'は、その前にある'子音字+l/r'が成節的子音（音節を形成する子音）として発音されることを表しています。

　　ca<u>bl</u>e（ca-ble）, hum<u>bl</u>e（hum-ble）, a<u>cr</u>e（a-cre）

(4) 語末の母音字'e'は、その前にある子音字'g'が/dʒ/の音で発音されることを表しています。

cage, image, stage

(5) 語末の母音字 ' e ' は、その前にある子音字群 ' th ' が /ð/ の音で発音されることを表しています。

ba<u>the</u>, brea<u>the</u>, tee<u>the</u>

また、これら以外にも、次の例のように、母音字の後に連接される同じ文字からなる子音字群は、その母音字が抑止母音（短母音）の音として発音されることを表していると考えられます。

/ɪ/ : f<u>i</u>ll, m<u>i</u>ddle, sp<u>i</u>ll

この第Ⅳ章では、英語の語のスペリングと発音との関係を、いろいろな角度から考えてきました。そして、大変に複雑で不規則であると思われている英語のスペリングと発音との関係には、規則的な部分もかなりあることが理解できたのではないかと思います。

次の第Ⅴ章以降では、英語の語、句、節、文に存在する文法上の仕組みについて考えていきます。

V 英語の語の役割とその構造

1 英語の語の文形成における役割

1.1 英語の語の文法上の役割

　前の章では、英語の語のスペリングとその発音との関係を、いろいろな面から考えました。それでは、文を形成するための文法上の単位である語は、文形成の面から考えて、どのような役割を果たしているのでしょうか。

　日本語の場合でも、英語の場合でも、語は文を形成するための基本単位として、文法規則に基づいていろいろな役割を担って機能しています。語が文を形成するための基本単位として果たしている役割については、一般的に、**品詞**（part of speech）という文法上の概念によって分類されています。しかし、この一般的な語の文法上の分類方法では、[50] 不都合な場合もあるために、言語学では**語類**（word class）という表現を使い、やや異なる分類方法を使う場合があります。このため、ここでは、言語学で使われている語の分類方法を考慮しながら、英語の語が文を形成する上で担う文法的な役割を中心に考えてみます。

---

[50] 例えば、'We should respect the old.' のような文に使われている形容詞 'old' は、目的語として、名詞の役割を果たしていますが、品詞による分類では、名詞とはいえません。この場合には、その形容詞の後に、名詞 'people' が省略されていると考えられるからです。

1.2 英語の語の言語機能上の特性による分類

英語の語は、言語学では、その語が本来持つ言語的機能の特性を考えて、**自由語類**（open class）と、**閉鎖語類**（closed class）の2つに大きく分類される場合があります。

自由語類とは、基本的に新しい語が作られた場合には、その語群の中に自由に追加されたり、削除されたりするような語のことで、意味の表現に大きく関係する、名詞、動詞、形容詞、副詞が主として、これに該当します。

一方、閉鎖語類は、基本的に、その語群の中に既に存在する語以外には、新たに語を追加することも、削除することもできないような語のことで、文形成のために、語が互いに連接される際に関係する、代名詞、数詞、限定詞、前置詞、接続詞が主として、これに該当します。そして、この分類方法は、第Ⅲ章の1.4.4で紹介した、内容語と機能語の分類方法にほぼ共通します。

このようにして、語が本来的に持っている言語機能上の特性を区別することによって、英語の語彙は大きく2つの語類に分類できるのです。そして、それぞれの語類に属する各語は、それらに共通する文法上の役割を考えて、さらに、いくつかの語類（品詞）に分類されます。ただし、英語の語は、複数の文法上の役割を持つものが多く、ある語が、同時にいくつもの語類に属する場合が一般的です。

1.2.1 名詞の役割とその分類

名詞（noun）に分類される語は、基本的には、何かのものを指し示す働きをします。そして、それぞれの語が表す意味上の概念から、さらに、いくつかの細かい分類が一般的にされます。

まず、次の例のように、この名詞に分類される語は、特定のものを表すか、否かによって、**固有名詞**（proper noun）と**普通名詞**（common noun）とに分

類されます。そして、書き言葉では、固有名詞の語頭の文字を大文字化（capitalization）することによって、普通名詞とは容易に区別できるようになっています。

- 固有名詞　　America, Japan, Mary, Victory（女神）, Vienna
- 普通名詞　　book, cat, dish, ghost, thunder

さらに、次の例のように、この普通名詞に分類される語は、その具体的な存在を認知できるものか、否かによって、**具象名詞**（concrete noun）と**抽象名詞**（abstract noun）に分類される場合もあります。そして、抽象名詞は、(51) 特別な場合を除いて、複数形で使われることはありません。

- 具象名詞　　bed, cat, lighting, season, train
- 抽象名詞　　courage, imagination, love, sadness, truth

また、次の例のように、この名詞に分類される語は、個体としての数を数えられるか、否かによって、**可算名詞**（countable noun）と**不可算名詞**（uncountable noun）に分類される場合もあります。なお、この不可算名詞の多くは、**物質名詞**（material noun）と呼ばれる場合があります。また、通常は不可算名詞として使われる語であっても、例えば、'the three beers from Germany' のように、種類を表す場合などには、複数形で使われることがあります。

- 可算名詞　　actor, eye, lens（複数形:lenses）, step, table
- 不可算名詞　bread, flour, gold, salt, wine

---

(51) 例えば、'idea' は抽象名詞として、通常は複数化されませんが、いろいろ違った種類の考えがある場合には、'I have many ideas.' のような表現も使われる場合があります。

1.2.2　動詞の役割とその分類

動詞（verb）に分類される語は、基本的には、動きや、出来事の過程を指し示す働きをします。そして、この動詞に分類される語は、時制や、その前に連接される主語の人称（例えば、三人称単数現在形）などによって、そのスペリングが変化したり、他の形態素が連接されたりします。

さらに、この動詞に分類される語は、その役割から、[52]**補助動詞**（auxiliary verb）と**語彙動詞**（lexical verb）の2種類に大きく分けられます。補助動詞に分類される語は、基本的には、閉鎖語類の分類に属するもので、主に文法上での連接機能の役割を果たしています。一方、語彙動詞に分類される語は、さらに、次の例のように、目的語が連接される**他動詞**（transitive verb）と、目的語が連接されない**自動詞**（intransitive verb）に分類されます。しかし、語彙動詞に属する大多数の動詞の語が、他動詞と自動詞の両方に使われます。

- 他動詞　　bring, cover, discuss, greet, punch
- 自動詞　　chat, peek, sneeze, soar, surge

また、語彙動詞に属する語は、次の例のように、進行形に使われる**動態動詞**（dynamic verb）と、進行形に使われない**静態動詞**（static verb）に分類される場合もあります。なお、静態動詞の一部の語は**知覚動詞**（perceptual verb）と呼ばれることもあります。

- 動態動詞　　eat, speak, make, take, walk
- 静態動詞　　hear, know, like, see, want

---

[52] この補助動詞という表現は、一般的に使われている助動詞に加えて、be動詞、疑問文や否定文で使う'do'、完了形で使う'have'を含めて分類したものです。

1.2.3　形容詞の役割とその分類

形容詞（adjective）に分類される語は、基本的には、名詞の語を修飾して、それが表現する意味を補強する働きをします。そして、この形容詞に分類される語は、通常は、名詞の語の前に連接されるか、[53] **連辞動詞**（copula verb）の後に連接されて、名詞を修飾する働きをします。

さらに、この形容詞に分類される語は、次の例のように、その語が 'very' などのような形容詞を修飾する副詞と連接されたり、比較級として使われたりする場合があるか、否かによって、**可等級形容詞**（gradable adjective）と**非可等級形容詞**（non-gradable adjective）の2種類に大きく分けられる場合があります。なお、多くの形容詞は可等級形容詞です。

- 可等級形容詞　　　（very）beautiful, far, nice, tall, small
- 非可等級形容詞　　closed, open, previous, shut, summary

また、この形容詞に分類される語は、動詞の場合と同様に、動的な描写に使われ、'He is being aggressive.' ような進行形を使った表現にすることができる**動態形容詞**（dynamic adjective）と、静的な描写に使われ、進行形表現には使えない**静態形容詞**（static adjective）とに分類される場合もあります。なお、多くの形容詞は静態形容詞です。

- 動態形容詞　　aggressive, careful, healthy, strong, tough
- 静態形容詞　　free, high, near, short, wide

---

[53] 連辞動詞とは、主語（主部）と述部の語をその前後に連接させることにより、両者を結びつける働きをする動詞のことです。英語では、be動詞や 'become' などの動詞のことを指します。

1.2.4　副詞の役割とその分類

副詞（adverb）に分類される語は、基本的には、動詞や形容詞、そして、他の副詞の語を修飾して、それらの語が表現する意味を補強する働きをします。そして、この副詞に分類される語は、その基本的な働きから、さらに、大きく2種類に分けることができます。

まず、その内の1種類は、ある行動や出来事について、時や、場所、方法などの状況に関する情報を表現するために使われ、動詞を修飾する語です。そして、もう1種類は、形容詞と他の副詞を修飾する語です。また、副詞の語の特徴として、相当数の副詞の語尾に、'-ly'のスペリングの形態素が使われます。

・動詞を修飾する副詞	carefully, now, often, then, there
・形容詞と副詞を修飾する副詞	extremely, particularly, slightly, terribly, very

1.2.5　代名詞の役割とその分類

代名詞（pronoun）に分類される語は、基本的には、他の句、節や文で使われている名詞を反復して使用することを避けるために、その名詞の代理をする働きがあります。このため、代名詞に分類される語は、多くの場合には、前にある句、節や文で使われている名詞の代わりに使われます。

まず、この代名詞に分類される語の一部は、その基本的な働きから、一般的に、次の例のように、**人称代名詞**（personal pronoun）、**再帰代名詞**（reflexive pronoun）、**所有代名詞**（possessive pronoun）の3種類に分けられます。また、これらの代名詞に分類される語は、人称や数、また、その文法上の働き（格）によって、そのスペリングが変化する特徴があります。

・人称代名詞　　I, me, you, they, them

- 再帰代名詞　　myself, yourself, herself, himself, themselves
- 所有代名詞　　mine, yours, hers, his, theirs

また、この代名詞に分類される語には、次の例のように、疑問文の中で、名詞の代わりに使われる**疑問代名詞**（interrogative pronoun）、関係詞節の形成に使われる**関係代名詞**（relative pronoun）、ある特定の名詞を指示的に指し示す**指示代名詞**（demonstrative pronoun）、そして、不定の数量や範囲を指し示す**不定代名詞**（indefinite pronoun）などの語も含まれます。

- 疑問代名詞　　what, which, who, whom, whose
- 関係代名詞　　which, who, whose, whom, that
- 指示代名詞　　that, those, this, these
- 不定代名詞　　all, another, each, everyone, nothing

1.2.6　数詞の役割とその分類

数詞（numeral）に分類される語は、文字通り、数を表す語です。そして、この数詞に分類される語は、名詞句、形容詞句、副詞句を形成する語として使われたり、それ自体が代名詞として使われたりします。

さらに、この数詞に分類される語は、一般的に、**基数詞**（cardinal numeral）と**序数詞**（ordinal numeral）に分類されます。

- 基数詞　　one, two, three, four, five
- 序数詞　　first, second, third, fourth, fifth

1.2.7　限定詞の役割とその分類

限定詞（determiner）に分類される語は、基本的には、名詞と共に使われ、その名詞が表現する意味をより限定的にして、より明確化する働きがあります。そして、この限定詞に分類される語は、その基本的な働きから、**識別詞**（identifier）と**数量詞**（quantifier）に分けられる場合があります。

さらに、識別詞に分類される語は、その働きから、次の例のように、特定と不特定のものとを限定して明確にする**冠詞**（article）、所有についての限定をして明確化する**所有形容詞**（possessive adjective）、指示するものを限定して明確化する**指示形容詞**（demonstrative adjective）に分類されます。この中の、所有形容詞と指示形容詞は、1.2.3で述べた形容詞にも分類されますが、その働きは、冠詞と同じように、修飾する名詞が表現する意味をより限定的で明確なものにします。

- 冠詞　　　　　a, an, the
- 所有形容詞　　my, your, her, their, its
- 指示形容詞　　that, those, this, these

一方、数量詞に分類される語は、文字通り、修飾する名詞の数量を限定して明確にするために使われるもので、1.2.5で分類した不定代名詞の一部の語も含まれます。

- 数量詞　　few, little, many, much, several

1.2.8　前置詞の役割とその分類

前置詞（preposition）に分類される語は、基本的には、名詞と共に使われ、その名詞を節や文の中の、他の語や句に結び付ける働きをします。そして、次

の例のように、前置詞が名詞に連接されることによって、時、場所、状況、条件などを表す副詞的な機能が生まれてきます。

- 前置詞 +（限定詞など）+ 名詞の例
    - 時 ： <u>at</u> noon
    - 場所： <u>inside</u> the box
    - 状況： <u>in</u> that condition
    - 条件： <u>within</u> ten minutes

1.2.9 接続詞の役割とその分類

接続詞（conjunction）に分類される語は、基本的には、文の中にある語、句、節を互いに結び付けるために使われます。そして、この接続詞に分類される語は、その基本的な働きから、次の例のように、**等位接続詞**（co-ordinate conjunction）と**従位接続詞**（subordinate conjunction）に分けられます。

- 等位接続詞　　and, but, nor, or, for
- 従位接続詞　　because, if, since, whether, when

等位接続詞は、文を形成する文法上、対等の関係にある語、句、節を連接するために使われます。一方、従位接続詞は、文を形成するある節が文法上、他の節に付随するものである場合に、それら2つの節を連接するために使われます。

2　英語の語の文法上の構造

2.1　形態素と語形成の仕組み

　第Ⅲ章の1.2でも説明しましたが、語を形成する単位については、発音の面から考えると、音素と音節なのですが、文法の面から考えると、音素と形態素なのです。

　日本語の文では、1つの文字が1つの意味を表す形態素であるといえる漢字と、発音される音（音節）を表すカナ文字が組合わされて使われていますので、語が文法上、どのような形態素で形成されているかについては、かなり明確に理解できます。

　しかし、英語の場合には、基本的に音素を表す26個のアルファベット文字を、連続的に組合わせる方法で語を形成していますので、語がどのような形態素で形成されているかについては、日本語の場合に比べてはるかに不明確です。このため、英語を学習する日本人にとって、語がどのような仕組みで形態素という文法上の単位から形成されているかについて、その仕組みを知ることは容易なことではないのです。

　英語の語彙には、基本的に、単一形態素からなる語（mono-morphemic word）が多くあります。しかし、例えば、'reorganized'のような語を形成する形態素は、're-organ-ize-d'と4つの形態素から形成されていると考えられます。そして、これらの4つの形態素の内、're-'、'-ize'、'-(e)d'の3つの形態素は、'<u>re</u>use'、'vital<u>ize</u>'、'skate<u>d</u>'のように、語を形成する形態素として頻繁に使われます。

　このように、英語の語を形成する形態素には、いくつかの種類があることが分かります。

2.2　語を形成する形態素の種類

英語の語を形成する形態素の種類については、その一部について、既に説明しましたが、その特性から、基本的に2つに大きく分けられます。

その1つは、**自由形態素**（free morpheme）と呼ばれるものです。この自由形態素は、基本的に、その形態素が単独で語を形成することもできますが、別の形態素と連接されて、別の語が形成される場合もあります。次の例に示す語の下線部が、自由形態素に当たる部分です。

・自由形態素が語を形成する例

① organ（<u>organ</u>），organic（<u>organ</u>-ic），organism（<u>organ</u>-ism）
② play（<u>play</u>），player（<u>play</u>-er），playful（<u>play</u>-ful）
③ sign（<u>sign</u>），signal（<u>sign</u>-al），signalize（<u>sign</u>-al-ize）

そして、もう1つは、**拘束形態素**（bound morpheme）と呼ばれるものです。この拘束形態素は、基本的に、その形態素が単独で語を形成することはできません。このため、この拘束形態素は、別の形態素と連接される場合にのみ、語を形成することができます。また、拘束形態素は、他の形態素に連接されて語を形成する働きから、一般的には**接辞**（affix）と呼ばれます。次の例に示す語の下線部が、拘束形態素（接辞）に当る部分です。

・拘束形態素（接辞）が語を形成する例

'<u>in</u>-'（'not'の意味を表す形態素）　：　<u>in</u>correct，<u>in</u>formal
'-<u>ist</u>'（〜する人の意味を表す形態素）：　Alpin<u>ist</u>，pian<u>ist</u>
'-<u>ness</u>'（形容詞を名詞化する形態素）：　kind<u>ness</u>，sharp<u>ness</u>

さらに、これらの例から、接辞には自由形態素の前に連接されるタイプと、後に連接されるタイプの2種類のものがあることが分かると思います。そして、それらの2種類の接辞のうち、前に連接されるタイプのものは**接頭辞**（prefix）、後に連接されるタイプのものは**接尾辞**（suffix）と呼ばれます。さらに、それらの接辞が連接される核となる形態素は、**語基**（base）、または、**語根**（root）と呼ばれますが、通常は自由形態素がこれに該当します。また、英語にはありませんが、世界の言語の中には、語基の中に挿入して使う、**接中辞**（infix）が存在する場合もあります。

　このように、語基に連接されて語を形成する接辞（拘束形態素）ですが、その語を形成する際の文法上の役割から、さらに、2種類に分けることができます。

　その1つは、**屈折接辞**（inflectional affix）と呼ばれるもので、形成される語の文法上の語類（品詞）による分類には影響を与えません。英語の場合には、この屈折接辞として使われるものは、次に示しますように、すべて語基の後に連接される接尾辞であるため、**屈折接尾辞**（inflectional suffix）ともいわれます。次に示す例の下線部は、屈折接尾辞を表します。

・英語の屈折接尾辞の例

　　-(e)s　（複数形）　　　　　　books, dogs, dish<u>es</u>
　　-(e)s　（三人称単数現在形）　She like<u>s</u> to swim.
　　-'s　（所有形）　　　　　　　the girl<u>'s</u> hair
　　-(e)d　（過去形/過去分詞）　　I walk<u>ed</u> to school. / I have finish<u>ed</u> my work.
　　-(e)n　（過去分詞）　　　　　fall<u>en</u>, show<u>n</u>
　　-ing　（進行形/現在分詞）　　He is sleep<u>ing</u>. / Read<u>ing</u> is my hobby.
　　-er　（比較級）　　　　　　　small<u>er</u>, heavi<u>er</u>
　　-est　（最上級）　　　　　　 small<u>est</u>, heavi<u>est</u>

　そして、もう1つは、**派生接辞**（derivational affix）と呼ばれるもので、他の

形態素や語に連接されて、新しい語を形成する役割を果たしています。さらに、この派生接辞には、次の例で示すように、それが連接されることによって、形成される語の語類を変えてしまう**語類転化接辞**（word-class changing affix）と、語類を変えない**語類保持接辞**（word-class maintaining affix）の2種類があります。

- 語類転化接辞　　nation（名詞）+ -al　→　nation<u>al</u>（形容詞）
- 語類保持接辞　　<u>re-</u> + make（動詞）　→　<u>re</u>make（動詞）

2.2.1　語類を変える語類転化接辞

英語には、語の語類を変えてしまう語類転化接辞が数多くあります。そして、その中で、一般的によく使われる語類転化接辞には、次のようなものがあります。また、基本的には、英語の語類転化接辞は接尾辞です。

(1) 名詞を形容詞に変える接辞

接辞	名詞	形容詞
-al	music	music<u>al</u>
-(i)an	Canada, America	Cana<u>dian</u>, Americ<u>an</u>
-ate	passion	passion<u>ate</u>
-(a/i)ble	reason, credit	reason<u>able</u>, cred<u>ible</u>
-ese	Japan	Japan<u>ese</u>
-en	gold	gold<u>en</u>
-ful	care	care<u>ful</u>
-ic	scene	scen<u>ic</u>
-ish	child	child<u>ish</u>
-less	hope	hope<u>less</u>

-like	man	man<u>like</u>
-ly	man	man<u>ly</u>
-ous	fame	fam<u>ous</u>
-some	hand	hand<u>some</u>
-y	hand	hand<u>y</u>

(2) 名詞を動詞に変える接辞

接辞	名詞	動詞
-ify	class	class<u>ify</u>
-ize	merchant	merchand<u>ize</u>

(3) 動詞を名詞に変える接辞

接辞	動詞	名詞
-al	survive	surviv<u>al</u>
-ance	enter	entr<u>ance</u>
-ation	graduate	gradu<u>ation</u>
-er/or	speak /act	speak<u>er</u> /act<u>or</u>
-ing	play	play<u>ing</u>
-ment	advertise	advertise<u>ment</u>

(4) 動詞を形容詞に変える接辞

接辞	動詞	形容詞
-able	eat	eat<u>able</u>
-(e)d	bake	bak<u>ed</u>
-ent	depend	depend<u>ent</u>
-ing	come	com<u>ing</u>

| -ive | act | act<u>ive</u> |

(5) 形容詞を名詞に変える接辞

接辞	形容詞	名詞
-cy	vacant	vacan<u>cy</u>
-dom	free	free<u>dom</u>
-ism	social	social<u>ism</u>
-ity	active	activ<u>ity</u>
-ness	sad	sad<u>ness</u>

(6) 形容詞を動詞に変える接辞

接辞	形容詞	動詞
-en	sharp	sharp<u>en</u>
-ify	ample	ampl<u>ify</u>
-ize	real	real<u>ize</u>

(7) 形容詞を副詞に変える接辞

接辞	形容詞	副詞
-ly	kind	kind<u>ly</u>

2.2.2 語類を変えない語類保持接辞

　一方、語類を変えない語類保持接辞の中で、一般的によく使われるものには、次のようなものがあります。英語の語類保持接辞の多くは接頭辞ですが、名詞に使う接辞の中には、接尾辞も相当数あります。

(1) 名詞で使う接辞

・接頭辞

ant (i) -	antibiotic, antarctic
bi-	bicycle
com-/con-	commixture, conjunction
dis-	displacement
ex-	ex-wife
in-	infield
mono-	monologue
non-	nonfiction
pan-	Pan-American
pre-	prehistory
re-	reproduction
semi-	semicolon
sub-	subway
super-	superhuman
vice-	vice-president

・接尾辞

-age	bandage
-aire	millionaire
-an	Mexican
-cy	currency
-er	mouser
-ese	Taiwanese
-hood	childhood
-ian	comedian

-ism	Buddh<u>ism</u>	
-ist	violin<u>ist</u>	
-man	chair<u>man</u>	＊最近では'-person'に置換えられる傾向がある
-ry	poet<u>ry</u>	
-ship	friend<u>ship</u>	
-th	six<u>th</u>	

(2) 動詞で使う接辞

・接頭辞

co-	<u>co</u>extend
de-	<u>de</u>tour
dis-	<u>dis</u>like
inter-	<u>inter</u>lock
mis-	<u>mis</u>understand
pre-	<u>pre</u>view
re-	<u>re</u>use
un-	<u>un</u>tie

(3) 形容詞で使う接辞

・接頭辞

dis-	<u>dis</u>comfortable
extra-	<u>extra</u>ordinary
il-	<u>il</u>legal
im- / in-	<u>im</u>possible, <u>in</u>decent
ir-	<u>ir</u>rational
pre-	<u>pre</u>conscious
un-	<u>un</u>kind

2.2.3 語の構造と形態素および接辞との関係

英語の語には、これまで説明してきたように、いろいろな種類の形態素（語基と接辞）が、互いに連接されて形成されているものがあります。そして、語が形成される際には、各形態素は、その基本的な特性と語形成の文法規則から、語基を中心として、その前後に特定の接辞が、特定の位置にしか連接されない仕組みになっています。

この英語の語形成に関する文法規則により、語基の前に接続される接頭辞については、通常1つしか連接されません。そして、その接頭辞として使われる形態素は、すべて派生接辞です。また、語基の後に接続される接尾辞は、基本的に、派生接辞と屈折接辞の両方ですが、屈折接辞は必ず1つしか連接されません。また、それは常に語の最後に連接されます。

そして、このような英語の形態素の基本的な特性と語形成の文法規則から、英語の語は、基本的に、次のような構造に基づいて形成されていることになります。もちろん、語を形成するためには、語基は必ず必要ですが、その前後に連接される接辞は、語が表現する意味に応じて連接されるものです。

・英語の語の基本構造

派生接頭辞（1つ）＋語基（自由形態素）＋派生接辞（1つ、または複数）＋屈折接辞（1つ）

そして、この英語の語を形成する基本構造に基づいて、例えば、'unauthorized' という語を形成している語基および接辞について考えると、次のようになります。

・'unauthorized' を形成する語基および接辞

    派生接頭辞　＋　語基　＋　派生接辞　＋　屈折接辞
    un-　＋　author　＋　-ize　＋　-d

このようにして、英語の語は、基本構造に基づいて、自由形態素からなる語基を中心に、いろいろな接辞がほぼ規則的に連接されて形成されているのですが、語基およびそれに連接される接辞の中には、状況によって、そのスペリングの一部が変わったり、発音が変わるものがあります。これらは、既に、第Ⅳ章の2.4で説明しましたように、それぞれ異形態および形態音素と呼ばれているものです。

例えば、2.2.2の中の語類を変えない、語類保持接辞の例として使った、形容詞に付加される接頭辞、'im-'、'in-'、'il-'、'ir-'は、それぞれのスペリングの一部が違いますが、いずれも同じ'not'の意味を表現する形態素の異形態です。日本語の場合でも、花を「はな」と言ったり、生け花のように「ばな」と言ったりしますが、これらも異形態の関係といえます。また、屈折接尾辞の複数形を表す'-(e)s'や、過去形を表す'-(e)d'などは形態音素であるために、連接される語基によって、その発音が変わると同時に、スペリングも変わる場合があります。

以上のように、語を形成している語基および接辞を基に、それらが連接される仕組みを細かく分析してみますと、アルファベット文字が単に連続したものと考えてしまいがちな英語の語のスペリングも、その形成の仕組みがより明解に理解できるようになります。

2.3　複合語の形成の仕組み

ここまでは、英語の語を形成する語基とそれに連接される接辞を中心に、その構造を考えてきました。しかし、語を形成する中核となる語基は、別の語基と連接されて新しい語を形成する場合もあります。そして、第Ⅲ章の1.4.3でも触れましたが、このように語基と語基が連接されて形成される語は、複合語 (compound word) と呼ばれ、一般的には、語と語が連接されているものと認識されています。

この英語の複合語が形成される仕組みについては、いろいろなパターンがあ

ることが知られています。ここでは、次の例のように、英語の複合語の中の最も基本的な語彙を中心に、それらの語を形成する語類（品詞）に基づいて整理し、複合語が形成される主な仕組みについて考えてみます。

(1) 名詞の複合語

・名詞＋名詞
parkway, pineapple, watermelon

・名詞＋動詞／動詞＋名詞
airflow, waterfall, stoplight

・形容詞＋名詞
blackboard, greenhouse, redcap

・前置詞＋名詞
afternoon, underwear, upland

・前置詞＋動詞
intake, outlook, upstart

(2) 動詞の複合語

・前置詞＋動詞
impress, overthrow, undergo

(3) 形容詞の複合語

・名詞＋動詞（分詞）

manmade, self-contained, suncured

・名詞＋形容詞
lifelong, tax-free, sunshiny

・形容詞＋動詞（分詞）
good-sized, narrow-minded, sharp-cut

・形容詞＋形容詞
darksome, Japanese-American, wideopen

・前置詞＋名詞
onstage, upstage, upstairs

・前置詞＋動詞（分詞）
incoming, oncoming, outgoing

(4) 副詞の複合語

・名詞＋名詞
clockwise, meantime, sideways

・前置詞＋名詞
beforehand, inside, overnight

　このように、英語の複合語の一部の例を考えてみるだけでも、複合語はいろいろの語類の語が、多様なパターンで組合わされて形成されていることを理解できます。
　この第Ⅴ章では、英語の語が文形成において果たす役割と、語が形成される

文法上の構造について考えました。そして、英語を中心として、人間の言語の仕組みについて考えた本書の最後の章となる第Ⅵ章では、語が連接されて、文が形成される仕組みについて考えてみます。

VI　英語の文の構造

1　英語の句形成の仕組み

1.1　語、句、節と文の関係

　第Ⅰ章の1.2でも説明しましたように、人間の言語は階層的構造で形成されています。つまり、文はいきなり語から形成されるわけではなく、その途中にいくつかの文法上の単位を形成しながら、作り上げられています。本書の最後となるこの章では、人間の言語の中でも、最もよく使われる言語単位である、文が形成される基本的な仕組みを知るために、英語の場合について考えます。

　英語の文は、'Good-bye.'や、'Fire!'のような特別の場合を除いて、基本的にいくつかの語が連接されて形成されます。そして、文を形成する基本単位である語は、まず、1つ、または、いくつかが連接されて、**句**(phrase)という単位が形成されます。そして、その句という単位には、いくつかの別の句が連接されて、**節**(clause)という単位が形成されます。さらに、節にはいくつかの語および他の節が連接されて、最終的に文が形成されます。しかし、この節という単位は常に存在するわけではなく、いきなり文が形成される場合もあります。このようにして、文が形成される過程について考えると、次の例のようになります。

・語 → 句 → 節 → 文と形成される場合

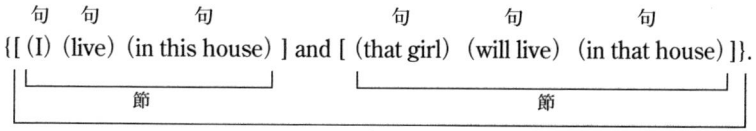

```
      句    句      句              句         句         句
{ [ (I) (live) (in this house) ] and [ (that girl) (will live) (in that house) ] }.
  └─────────────────────┘       └─────────────────────────────────┘
              節                                    節
  └──────────────────────────────────────────────────────────────┘
                                   文
```

・語→句→文と形成される場合

```
     句       句              句                  句
{ (She) (went) (to her grandmother's house) (yesterday) }.
└─────────────────────────文─────────────────────────┘
```

　上の英語の例文では、句は1つか、それ以上の語で形成されていると考えていますが、一般的には、句は2つ以上の語が連接されて形成されるものであると考える傾向があります。

1.2　句の基本的構造

　英語の句は、基本的には、1つの語、または、2つ以上の語が連接されて形成されます。そして、句はその構造から、一般的に、**名詞句**（noun phrase）、**動詞句**（verb phrase）、**形容詞句**（adjective phrase）、**副詞句**（adverbial phrase）、**前置詞句**（prepositional phrase）の5つのタイプに分類されます。

　そして、それらの中の名詞句、動詞句、形容詞句、副詞句には、その句の中心となる**主要語**（head）が存在しており、その主要語の語類（品詞）に基づいて、その句の名称が付けられています。また、これらの句は、主要語が単一で句を形成する場合が多くあります。

　一方、前置詞句については、主要部となる語は存在しません。また、必ず2語以上で句が形成されます。この前置詞句では、最初に必ず前置詞が使われることから、その句の名称が付けられています。

1.2.1　名詞句の構造

　英語の名詞句（noun phrase）の基本的構造は、大きく分けて3つの部分か

ら形成されています。その基本構造の仕組みは、次の例に示すように、名詞句の中心部に、**主要語**（head）として、名詞の語があり、その前に**前修飾部**（pre-modifier）、そして、主要語の後には、**後修飾部**（post-modifier）が連接されます。もちろん、主要語は必ず存在しますが、前修飾部と後修飾部は、必ずしも存在する訳ではありません。

・名詞句の基本的な構造

   前修飾部 + 主要語（名詞） + 後修飾部
   the newest   house   in this area

 主要語は、多くの場合は名詞ですが、代名詞が使われる場合もあります。そして、代名詞が使われる場合には、基本的に、前修飾部は連接されませんが、'she who likes Taro' のように、後修飾部は連接される場合もあります。
 前修飾部に連接される語の順番は、基本的には、次のように、語類（品詞）を基にした文法上の要素によって決まっています。

・名詞句の前修飾部の基本的な語順

  冠詞
  指示形容詞 + 数詞   + 形容詞 + 名詞修飾語
  所有形容詞   数量詞

 つまり、前修飾部を形成する語の中で、最初に置かれるものは、'a /an, the' のような冠詞、'this, these, that, those' のような指示形容詞、'my, your, his, her' のような所有形容詞のいずれかの語類の中からの1語です。
 そして、次に連接される語は、'one, first, two, second' のような数詞、または 'few, little, many, much' のような数量詞の中から1語、または、2語が連接されます。2語が連接される際には、数詞では、'the first two dogs' のよう

に、序数詞が先に連接され、基数詞は後に連接されるのが一般的です。また、'the first few days' のように、数量詞も、序数詞の後に接続されるのが一般的です。

その次に連接される語は、'big, small, long, short' のような形容詞で、1語、または、数語が連接されます。そして、複数の形容詞が連接される際には、それらの形容詞の種類に基づいて、'the big round old brown French chair' のように、大きさ、形、年齢、色、産地などの順番に連接されるのが一般的です。

そして、前修飾部の最後に連接される語は、'city, country, town, village' のような名詞の修飾語で、1語、または、数語の名詞が連接されます。なお、この主要語の前に連接される名詞は、文法上は形容詞としての働きをしています。

このような名詞句の前修飾部の構造から、次の例のような長い名詞句も、存在することになります。

・長い前修飾部からなる名詞句の例

those first two big round old brown French country chairs

一方、名詞句の後修飾部は、基本的に、特定の語類に属する語、または、特定の句や節で形成されます。そして、この後修飾部に使われる語は、形容詞か、副詞の語が一般的です。また、この後修飾部に使われる句や節は、前置詞句、**関係節** (relative clause)、[54] **非定形節** (non-finite clause) が一般的です。

名詞句の後修飾部に形容詞が使われる場合には、基本的に、主要語としては 'somebody, someone, something, someway' のような不定代名詞が使われ、'somebody nice' のような名詞句が形成されます。

また、この後修飾部に副詞が連接される場合には、'above, after, before, behind' のような副詞が使われ、'the floor above' のような名詞句が形成されます。

[54] 非定形節とは、基本的に主語が存在せず、その節の動詞に時制や人称などが反映されない非定形動詞が使われる節のことです。本文の例を参照してください。

そして、名詞句の後修飾部に、最も一般的に使われるのは前置詞句です。この前置詞句については、後で詳しく説明しますが、'by the gate' のように、前置詞の後に名詞句が連接されたもので、'the man by the gate' のような名詞句が形成されます。

　さらに、名詞句の後修飾部に関係節が使われる場合には、'who, whose, whom, which' のような**関係代名詞**（relative pronoun）や、'how, when, why, where' のような**関係副詞**（relative adverb）によって形成される節が、主要語の名詞を修飾する句で、'the girl who lives in this house' や 'the reason why he died' のような名詞句が形成されます。

　また、名詞句の後修飾部に非定形節が使われる場合には、'to know the fact' のような不定詞節、'driving along the road' のような現在分詞節、'known as a famous writer' のような過去分詞節が、その直前の主要語の名詞を修飾する句で、次の例のような、3つのタイプの名詞句が形成されます。

・後修飾部に非定形節が使われる名詞句

　　　不定詞節　　：　'the book to know the fact'
　　　現在分詞節　：　'the people driving along the road'
　　　過去分詞節　：　'the man known as a famous writer'

1.2.2　動詞句の構造

　英語の動詞句（verb phrase）の基本的構造は、大きく分けて2つの部分から形成されています。その基本構造の仕組みは、次の例に示すように、その動詞句の中心部に、主要語として動詞の語があり、その前に、最高で5つの語からなる前修飾部が連接されます。もちろん、動詞句を形成する主要語である動詞は必ずありますが、前修飾部を形成する語は必ずしもある訳ではありません。

・動詞句の基本的な構造

　　　　　　前修飾部　　　　　　＋　主要語（動詞）
　　　should not have been being　　interrupted

　主要語に使う動詞は、多くの場合には1語ですが、'look for' や、'take care of' のような2語以上からなる**句動詞**（phrasal verb）が使われる場合もあります。
　一方、前修飾部に連接される語は、'be, do, may, must' のような**補助動詞**（auxiliary verb）です。そして、この補助動詞は、'be, do, have' のような、進行、完了、疑問、否定、受動態の表現に使われるものと、'can, may, must, will' のような、[55]**法助動詞**（modal auxiliary）と呼ばれるものとに分けられます。
　この法助動詞は、前修飾部に連接される際には、必ず1語しか使われず、前修飾部の最初の位置に置かれます。その後、上の例文のように、否定の 'not'、完了形の 'have'、進行形の 'be'、受動態の 'be' の順に、補助動詞の各語が連接されます。なお、補助動詞の 'do' は、法助動詞が連接されない場合や、否定文、疑問文、強調文などの場合に限られて使われます。
　英語で使われる動詞句は、現在（present）、過去（past）、未来（future）、進行（progressive）、完了（perfect）などの時制（tense）を表現するうえで、大変に重要な役割を果たしています。さらに、文が表現する意味を、平叙（declarative）、疑問（interrogative）、命令（imperative）、否定（negative）などの文形式に変えたり、能動（active）と受動（passive）の態（voice）を表現するうえでも、大変に重要な役割を果たしています。
　そして、動詞句には、一般的に使われる [56]**定形動詞句**（finite verb phrase）

---

[55] 法助動詞とは、一般的に助動詞と呼ばれている語のことで、文法用語で法（mood）と呼ばれ、動詞が表現する行動や出来事について、話者や主語が意図することを補助的に説明をする語のことです。
[56] 定形動詞句とは、私達が、一般的に動詞句といっているもので、時制や、主語の人称、数などの文法上の条件によって、特定の形態で表現される動詞句のことです。

以外に、時制や人称などが反映されない非定形動詞が使われる、**非定形動詞句**（non-finite verb phrase）と呼ばれるものがあります。そして、この非定形動詞句には、基本的に、不定詞によって形成される**不定形動詞句**（infinite verb phrase）、現在分詞によって形成される**現在分詞動詞句**（present participle verb phrase）、過去分詞によって形成される**過去分詞動詞句**（past participle verb phrase）の3つタイプがあります。次に示すのが、この非定形動詞句に分類される例です。

・非定形動詞句

  不定形動詞句　　：　I want <u>to eat</u> lunch.
  現在分詞動詞句　：　<u>Drinking</u> coffee, he left home.
  過去分詞動詞句　：　<u>Known</u> as a good writer, he is very busy.

 これらの3つのタイプの非定形動詞句の内、不定形動詞句と現在分詞動詞句については、'<u>to have finished</u> his work'や'<u>having drunk</u> his coffee'のように、完了を表す補助動詞'have'が使われる場合もありますが、過去分詞動詞句には使われません。なお、法助動詞は、非定形動詞句の中で使われることはありません。
 一方、受動態は、'<u>to be known</u> as a good writer'や、'<u>Being hit</u> by a car'のように、不定形動詞句と現在分詞動詞句の中で使われる場合もあります。また、進行形は、'<u>to be sleeping</u>'のように、不定形動詞句の中で使われる場合もあります。そして、否定の表現に使う'not'は、'<u>not to have finished</u> his work'や、'<u>not having drunk</u> his coffee'のように、非定形動詞句の前に連接されます。
 以上、動詞句の基本的な構造について、記述言語学的な分析手法を用いて考えましたが、ここで紹介した考え方以外にも、様々な見方が存在しています。

1.2.3　形容詞句の構造

　英語の形容詞句（adjective phrase）の基本的構造は、名詞句と同様に、大きく分けて3つの部分から形成されています。そして、その基本構造の仕組みは、次の例に示すように、形容詞句の中核部に、主要語として、形容詞の語が1語、さらに、その前に前修飾部として、副詞が1語連接されます。一方、主要語である形容詞の後には、後修飾部が連接されます。もちろん、形容詞句には、主要語である形容詞は必ずありますが、前修飾部と後修飾部を形成する語は必ずしもある訳ではありません。

・形容詞句の基本的な構造

　　　前修飾部　＋　主要語（形容詞）　＋　後修飾部
　　　very　　　　interesting　　　　　to know the fact

　形容詞句に使われる主要語は、この句の名称の通り、'beautiful, nervous, strong, tough'のような形容詞です。
　そして、主要語の前に連接される前修飾部に使われる副詞は、次のような、形容詞の表現を強める働きをする語に限られます。

・形容詞句の前修飾部に使われる一般的な副詞

　　　extremely, fairly, highly, rather, quite, somewhat, very

　一方、主要語の後に連接される後修飾部には、次の例のように、前置詞句、不定詞句、そして、接続詞'that'によって形成されるthat-節（that clause）の3つが一般的に使われます。ただし、後修飾部に使われる、それらの前置詞句、不定詞句、that-節は、その前にある形容詞の主要語によって、表現される内容がかなり限定されます。

・後修飾部を伴う形容詞句の3つのタイプ

　　前置詞句　　：（He is）nervous about talking to his boss.
　　不定詞句　　：（He is）tough to beat.
　　that-節　　：（He is）so strong that nobody can defeat him.

　そして、形容詞句が文を形成する単位として使われる場合には、次の例のように、**限定形容詞句**（attributive adjective phrase）と、**述部形容詞句**（predicative adjective phrase）の2通りがあります。

・形容詞句の文形成における用法

　　限定形容詞句　：　This is a very wonderful house.
　　述部形容詞句　：　This house is very wonderful.

　上の例で分かるように、形容詞句が限定形容詞句として使われる場合には、名詞の語の前に連接され、名詞を直接的に修飾する役割をしています。そして、このように限定形容詞句として使われる場合には、基本的に、後修飾部が連接されることはありません。また、'some'や'only'のような一部の形容詞の語は、基本的に、限定形容詞句としてしか使われません。
　一方、形容詞句が述部形容詞句として使われる場合には、'be'や'become'のような連辞動詞の後に連接され、文の述部を形成する役割をしています。そして、述部形容詞句として使われる際には、後修飾部が連接される場合も多くあります。また、'alone'や'asleep'のような一部の形容詞の語は、基本的に、述部形容詞句としてしか使われません。なお、大部分の形容詞の語は、限定形容詞句と述部形容詞句の両方に使われます。

1.2.4　副詞句の構造

　英語の副詞句 (adverbial phrase) は、基本的に、副詞の語を主要語として、1語のみで形成される場合が一般的です。しかし、一部の副詞句には、次の例に示すように、主要語の前に、別の副詞が前修飾語として連接され場合があります。

・副詞句の基本的な構造

　　　前修飾部（副詞）　　+　　主要語（副詞）
　　　　　very　　　　　　　　　slowly

しかし、前修飾部の語として主要語に連接される副詞は、次の例に示すように、ごく一部の語に限られています。

・副詞句の前修飾部に使われる一般的な副詞

　　extremely, quite, horribly, incredibly, somewhat, terribly, very

そして、文を形成する単位として、副詞句が使われる場合には、次の例に示すように、3通りの基本的な用法があります。

・副詞句の文形成における基本的用法

　　付加詞的用法：　The bus will come <u>very soon</u>.
　　接続詞的用法：　I am tired, <u>however</u>, I will finish the work.
　　離接的用法　：　<u>Honestly</u>, I don't like that painting.

　副詞句が、節や文の中で、付加詞 (adjunct) としての役割を持つ場合には、上の例文のように、時を表現したり、'The bank is <u>over there</u>.' のように、場所

の表現をしたり、'The car was moving quite solwly.'のように、方法などの周りの状況を付加的に表現する働きをします。

また、副詞句が、節や文の中で、接続詞（conjunction）としての役割を持つ場合には、上の例文のように、節と節、また、文と文を接続する働きをします。

そして、副詞句が、節や文の中で、離接的（disjunctive）な役割を持つ接続詞として使われる場合には、上の例文のように、話者の気持を節や文の内容に添える働きをします。なお、副詞句が離接的に使われる場合には、節や文の初めに連接されのが一般的です。

1.2.5　前置詞句の構造

前置詞句（prepositional phrase）は、これまで説明した4つの句の基本的な構造と違い、主要語に該当する語は存在せず、次のように、前置詞の語1つと名詞句で形成される句です。

・前置詞句の基本的な構造

  前置詞　　+　　　　　名詞句
   in　　　　the beautiful Japanese garden

そして、前置詞句が、文を形成する単位として使われる場合には、次の例に示すような様々な意味を表現します。

・前置詞句が使われる基本的な表現

  場所：　at the station
  方向：　to the east
  時　：　on Monday

期間： for a week
手段： by bicycle
目的： for sightseeing
題目： about Japanese people

　これらのような前置詞句は、一般的に、節や文の末尾に連接されることが多く、副詞句と同じように、動詞を修飾する働きを主にします。
　また、前置詞句は、次の例のように、節や文の中で、特定の形容詞句や動詞句と連接されて慣用的に使われる場合や、一部の名詞句に接続され、補語のような役割をする場合もあります。

・節や文の中での前置詞句の主な用法

形容詞句に連接： I am very interested in reading this book.
動詞句に連接 ： I have been waiting for the 10 o'clock train.
名詞句に連接 ： I do not have any desire for being famous.

　このようにして、文を形成する文法上の単位である5つのタイプの句は、いろいろな仕組みで形成され、節や文の形成に様々な形で関与していることが理解できます。

2　英語の節形成の仕組み

2.1　句から節が形成される仕組み

　この章の前半では、語が連接されて句が形成される仕組みについて考えましたが、ここでは、句が連接されて、節が形成される仕組みについて考えます。そして、この節は、さらに、単一、または複数で文を形成する仕組みになって

います。

　句は、基本的に、次の例に示すように、節または文を形成する文法上の単位として連接され、節または文の**主部**（subject）、**動詞**（verb）、**目的語**（object）、**補語**（complement）、**付加詞**（adjunct）の各部分を形成する役割をしています。

・節（文）を形成する句と文法上の単位との関係

　　　　主部　　　＋　　動詞部分　　　＋目的語部分＋　付加詞部分
　　The man　　has finished eating　　his lunch　　under the tree.

　　　　主部　　　＋ 動詞部分 ＋ 目的語部分 ＋ 補語部分 ＋　付加詞部分
　　The woman　　　made　　　the man　　very happy　　after the marriage.

　そして、これらの節（文）を形成する、句からなる各文法上の単位は、節（文）を形成する際に、すべてが同時に連接される場合もありますが、その一部だけが連接される場合もあります。また、節または文を形成する各文法上の単位には、基本的に、次に示すような句が使われます。

（1）主部を形成する句

　主部は、基本的に、平叙文を形成する節（文）の最初に置かれる文法上の単位で、一般的には名詞句が使われます。また、命令を表現する節（文）では、主部は使われません。

（2）動詞の部分を形成する句

　動詞の部分は、基本的に、平叙文を形成する節（文）の主部の後に連接される文法上の単位で、動詞句が使われます。そして、その動詞句を形成する動詞の主要語は、主部の人称、数、時制によって、使われる語のスペリングが

変化する場合があります。

(3) 目的語の部分を形成する句

　目的語の部分は、基本的に、節（文）の動詞部分の後に連接される文法上の単位で、名詞句または、不定詞句が一般的に使われます。しかし、前の動詞句の主要語によっては、連接されない場合もあります。また、一部の動詞句の後には、**間接目的語**（indirect object）と**直接目的語**（direct object）が、その順番で連接される場合もあります。そして、一般的に、間接目的語は人間に関係する名詞句が使われます。

(4) 補語の部分を形成する句

　補語の部分は、基本的に、節（文）の動詞句部分の主要語に、連辞動詞（'be'など）が使われる場合に、その動詞の後に連接される文法上の単位で、名詞句または、形容詞句が一般的に使われます。そして、この補語の部分は主部または、目的語の部分を修飾する働きをします。また、この補語の部分は動詞句の後に連接されるために、目的語の部分と混同されやすいのですが、目的語の部分が主部を修飾することはありません。

(5) 付加詞の部分を形成する句

　付加詞の部分は、基本的に、節（文）の目的語または、補語の部分の後に連接される文法上の単位で、上の2つの例文に使われている前置詞句、または、副詞句、[57] 名詞句が一般的に使われます。そして、この付加詞の部分は、節（文）が表現する内容に付加的な説明をするために使われるものです。

[57] 名詞句が、付加詞の部分に使われる例としては、'I slept ten hours last night.' などがあり、下線部の2つの名詞句は、実際には動詞を修飾する副詞句と同じ働きをしています。

2.2 節（文）の基本的構造

英語の節（文）を形成する基本構造は、次に示すように、主として動詞句に使われる主要語（動詞）によって、基本的に7つのタイプに分類されます。しかしながら、英語では、これら7つの基本構造に該当しない構造を持つ節（文）も数多く使われますが、これらの英語の節（文）を形成する基本構造を理解することは、英語の文表現を理解するための基礎であるといえます。

(1) 主部 + 動詞句

     主部 + 動詞句
 例 : The little boy is smiling.

このタイプの節（文）が形成されるのは、基本的に、動詞句の主要語として自動詞が使われる場合です。そして、この動詞句の後には、他の文法上の単位（句）が連接される必要はありません。

(2) 主部 + 動詞句 + 付加詞

     主部 + 動詞句 + 付加詞
 例 : The boy lives in this house.

このタイプの節（文）が形成されるのは、基本的に、動詞句の主要語として自動詞が使われる場合です。しかし、上の(1)の場合と違い、この動詞句の主要語（動詞）の特性から、場所、方向、時の長さ、方法などを説明する付加詞の部分が連接される必要があります。

(3) 主部 + 動詞句 + 補語（句）

     主部 + 動詞句 + 補語（句）
 例 : He seems a good boy.

このタイプの節（文）が形成されるのは、基本的に、動詞句の主要語として連辞動詞、または、一部の限られた自動詞が使われる場合です。そして、この基本構造をもつ節（文）では、主部と補語（句）は相関関係にあります。

(4) 主部 + 動詞句 + 目的語（句）

　　　　　　　主部　 + 　動詞句　 + 　目的語（句）
　例 ： 　The boy　　likes　　his mother.

　このタイプの節（文）が形成されるのは、基本的に、動詞句の主要語として他動詞が使われる場合です。この基本構造を持つ節（文）では、主部は目的語（句）に対して、主要語（動詞）が示す影響を及ぼします。そして、一般的に、英語の動詞の語彙の中で、このタイプの節（文）を形成する語が最も多いため、このタイプの節（文）が一番多く使われています。

(5) 主部 + 動詞句 + 目的語（句）+ 付加詞

　　　　　　　主部　 + 　動詞句　 + 　目的語（句）+ 　　付加詞
　例 ： 　The boy　　will send　　a letter　　to his father in New York.

　このタイプの節（文）が形成されるのは、基本的に、動詞句の主要語として他動詞が使われる場合です。しかし、上の (4) の場合と違い、使われる他動詞の特性から、この節の目的語（句）の後には、場所、方向、時の長さ、方法などを説明する付加詞が連接される必要があります。

(6) 主部 + 動詞句 + 目的語（句）+ 目的語（句）

　　　　　　　　主部　　 + 　動詞句　 + 　目的語（句）+ 　目的語（句）
　例 ： 　The boy's mother　　gave　　　him　　a Christmas gift.

　このタイプの節（文）が形成されるのは、基本的に、動詞句の主要語として他動詞が使われる場合ですが、その他動詞は、間接と直接の２つの目的語が

連接される特性を持つ特定の語でなくてはいけません。このような節（文）の構造は、主に文語表現に使われます。

(7) 主部＋動詞句＋目的語（句）＋補語（句）

     主部 ＋ 動詞句 ＋ 目的語（句） ＋ 補語（句）
 例： The boy's mother made him very happy.

　このタイプの節（文）が形成されるのは、基本的に、動詞句の主要語として他動詞が使われる場合ですが、その他動詞は目的語（句）と補語（句）が連接される特性を持つ特定の語でなくてはいけません。そして、この基本構造を持つ節（文）では、目的語（句）と補語（句）が相関関係にあります。

2.3　文を形成する節の種類

　英語の文を形成する節は、文を形成する際の働きから、基本的に、2つのタイプに大きく分類されます。
　その1つは、上の2.2の各例文のように、1つの節がそのまま単独で文を形成するタイプものです。このタイプの節は、さらに、'and, but, or' などの**等位接続詞**（co-ordinate conjunction）によって対等に連接されて、'I like apples and John likes oranges.' のような文が形成されます。
　そして、もう1つは、1つの節が他の節に従属するような関係で文を形成するタイプのものです。このような場合に、その文の中で中心となる節を**主節**（main clause）、また、その主節に従属的な関係にある節を**従節**（subordinate clause）と呼んでいます。
　さらに、文を形成する節は、一般的に、その文法上の働きから次に示すような3つの種類に分類されます。

・文を形成する文法上の単位としての節の種類

　名詞節（nominal clause）
　関係節（relative clause）
　副詞節（adverbial clause）

2.3.1　名詞節

名詞節（nominal clause）は、名詞句の場合と同じように、文を形成する主部、目的語の部分、また、補語の部分に使われます。そして、この名詞節には、次のように、4つのタイプがあります。

（1）that-節（that-clause）
　このthat-節は、接続詞'that'に連接されて形成される節で、次の例のように、主部、目的語の部分、また、補語の部分に使われます。

・that-節から形成される文

　　主部　　：　That Taro is a good man is not true.
　　目的語　：　I do not believe that Taro is a good man.
　　補語　　：　The truth is that Taro is not a good man.

（2）Wh-節（Wh-clause）
　このWh-節は、'how, if, what, whether, when, where, who, why'に連接されて形成される節で、次の例のように、間接疑問文（indirect question）、名詞関係節（nominal relative clause）を形成します。

・Wh-節から形成される文

　　間接疑問文　：　I wonder <u>if this is true</u>.
　　名詞関係節　：　<u>What he said</u> is not true.

（3）不定詞節（infinitive clause）
　この不定詞節は、次の例のように、基本的に、不定詞に連接されて形成される節ですが、'to' が省略される場合もあります。

・不定詞節から形成される文

　　'to' がある場合　：　Hanako asked Taro <u>to come to her house</u>.
　　'to' がない場合　：　Hanako saw Taro <u>walk into her house</u>.

（4）分詞節（participle clause）
　この分詞節は、現在分詞に連接されて形成される節で、次の例のように、主部、目的語の部分によく使われます。

・分詞節から形成される文

　　主部　　：　<u>Living in this town for a long time</u> makes me feel bored.
　　目的語　：　I like <u>living in a big city</u>.

2.3.2　関係節

　関係節（relative clause）は、文を形成する際に、名詞句の後修飾部として、名詞句の主要語の後に連接されます。そして、この関係節は、次のように、名詞句を形成して、文を形成する主部、目的語の部分、また、補語の部分に使わ

れます。

・関係節から形成される文

  主部 : The song that I like most is this one.
  目的語 : I do not like the man who came here yesterday.
  補語 : He is the actor that I like most.

2.3.3　副詞節

　副詞節（adverbial clause）は、副詞句や前置詞句と同じように、付加詞として文が表現する内容について、時や場所などの付加的な説明をするために使われます。また、副詞節は接続詞の後に連接されて、条件節（conditional clause）など、文の中の従属的な関係となる節（dependent clause）を形成します。

・副詞節から形成される文

  付加詞 : I was sleeping when you called me.
  条件節 : If it rains tomorrow, I will stay at home.

　このようにして、いろいろの種類や、タイプの節は、様々な仕組みで連接され、文という文法上の単位が形成されていることを理解できます。
　そして、最後に、本書の第Ⅰ章から、この第Ⅵ章までの内容について考えることによって、英語を中心とした、人間の言葉の成立ちについて、その基本的な仕組みが理解できたことと思います。

参 考 文 献

著 書

Bloomfield, Leonard. Language. Henry Holt, New York, 1933.
Chomsky, Noam. Current Issues in Linguistics. The Structure of Language: Readings in the Philosophy of Language. Ed. by Jerry A. Fodor, and Jerrold J. Katz. Prentice-Hall, Englewood Cliffs, N. J., 1964.
Chomsky, Noam and Morris Halle. The Sound Pattern of English. Harper and Row, New York, 1968.
Fromkin, Victoria and Robert Rodman. An Introduction to Language. Holt, Rinehart and Winston, New York, 1974.
Hall, Robert A. Jr. Sound and Spelling in English. Chilton, Philadelphia, 1961.
Hayes, Curtis W. Language Contact in Japan. Sociolinguistics Studies in Language Contact. Ed. by William Francis Mackey, and Jacob Ornstein. Mouton Publishers, New York, 1979.
Hyman, Larry M. Phonology: Theory and Analysis. Holt, Rinehart and Winston, New York, 1975.
Jackson, Howard. Analyzing English. Pergamon, Oxford, 1982.
Jacobson, Roman. Retrospect. Roman Jacobson: Selected Writings Ⅰ. Mouton, The Hague, 1962.
Jespersen, Otto. A Modern English Grammar on Historical Principles: Part Ⅰ: Sound and Spelling. Bradford and Dickens, London, 1954.
Kenyon, John S. and Thomas Knott. A Pronouncing Dictionary of American English. G & C Merriam Co., Springfield, Mass., 1951.
Ladefoged, Peter. A Course in Phonetics. Harcourt Brace Javanovich, New York, 1975.
Lado, Robert. Language Teaching: A Scientific Approach. McGraw-Hill, New York, 1964.
Lehiste, Ilse. Suprasegmentals. The M. I. T. Press, Cambridge, 1970.
MacCarthy, P. A. D. New Spelling with Old Letters. Alphabets for English. Ed. by William Haas. Manchester University, Manchester, 1969.
Mencken, H. L. The American Language. Alfred A. Knopf, New York, 1979.
Pearson, Bruce L. Introduction to Linguistic Concepts. Alfred A. Knopf, New York, 1977.
Pitman, Sir James and J. St. John. Alphabets and Reading. Pitman, London,1969.
Roca, Iggy and Wyn Johnson. A Course in Phonology. Blackwell, Oxford, 1999.
Saussure, Ferdinand de. Course in General Linguistics. Ed. byCharles Bally, and Albert Sechehaye. Translated by Wade Baskin. McGraw-Hill, New York, 1966.

Shaw, Bernard G. Androcles and the Lion (Shaw alphabet edition). Penguin, Harmondsworth, 1962.
Strang, Barbara M. H. A History of English. Methuen, London, 1970.
竹林滋.「英語音声学入門」. 大修館, 1982.
Thorndike, Edward L. Thorndike-Century Senior Dictionary. Scott, Foresman & Co., New York, 1941.
Vachek, Josef. Written Language. Mouton, The Hague, 1973.
Vallins, G. H. Spelling. Andre Deutsch, London, 1965.
Venezky, Richard L. The Structure of English Orthography. Mouton, The Hague, 1970.
Wijk, Axel. Regularized English: An Investigation into the English Reform with a New, Detailed Plan for a Possible Solution. Almquist and Wiksell, Stockholm, 1959.
Zachrisson, A. E. Anglic: A New Agreed Simplified English Spelling. Almquist and Wiksell, Uppsala, 1930.

学術雑誌

Alan, Davies, and H. G. Widdowson. Reading and Writing. *Edinburgh Course in Applied Linguistics.* Ed. by J. P. B. Allen, and S. Pit Corder. Oxford University, London, Vol. 3, 1974, pp. 155-201.
Bloomfield, Leonard. Linguistics and Reading. *Elementary English Review.* Vol. 19, No. 4, 1942, pp. 125-130.
Han, Mieko Shimizu. The Feature of Duration in Japanese. *Study of Sounds.* Vol. 10, 1962, pp. 65-80.
Horie, Shuso. An Analytic Study of English and Japanese Consonantal Sounds. *Bulletin of Hiroshima Bunka Women's Junior College.* Vol. 27, 1994, pp. 17-21.
Horie, Shuso. A Study of English and Japanese Sound Systems for Teaching of Speaking. *Bulletin of Hiroshima Bunka Women's Junior College.* Vol. 19, 1986, pp. 1926.
Horie, Shuso. English and Japanese Suprasegmental Features. *Bulletin of Hiroshima Bunka Women's Junior College.* Vol. 29, 1996, pp. 13-15.
Nathan, Geoffrey S. Towards a Literate Level of Language. *The Elements: A Parasession on Linguistic Units and Levels.* Ed. by Paul R. Clyne, William F. Hanks, and Carrol L.Hofbauer. Chicago Linguistic Society, Chicago, April, 1979, pp. 144-51.
Trager, George L. Writing and Writing Systems. *Current Trends in Linguistics.* Ed. by Thomas Sebeok. Mouton, the Hague Vol. 12, 1974, pp. 373-496.
Vachek, Josef. Review of R. Venezky, 'The Structure of English Orthography'. *Language.* Vol. 47, No. 1, 1971, pp. 212-6.

Venezky, Richard L. Theoretical and Experimental Bases for Teaching Reading. *Current Trends in Linguistics*. Ed. by Thomas Sebeok. Mouton, The Hague, Vol. 12, 1974, pp. 2057-2100.

索　引

【A】

abstract noun　　*143*
adjective　　*145*
adjective phrase　　*164, 170*
adjunct　　*172, 175*
adverb　　*146*
adverbial clause　　*180, 182*
adverbial phrase　　*164, 172*
affix　　*151*
affricate　　*41, 49, 50*
allomorph　　*113*
allophone　　*89*
alphabetic writing system　　*110*
alternation　　*137*
alveolar　　*37, 49*
alveolar ridge　　*11*
Anglic　　*107*
approximant　　*35, 40, 42, 48, 51*
arbitrariness　　*1*
article　　*148*
articulatory organs　　*5*
articulatory phonetics　　*15*
aspirated sound　　*83, 88*
aspiration　　*95*
assimilation　　*91*
attributive adjective phrase　　*171*
auxiliary verb　　*144, 168*

【B】

base　　*152*
Bernard Shaw　　*107*
bilabial　　*34, 47*
bound morpheme　　*151*

【C】

cardinal numeral　　*147*
checked vowel　　*130*
clause　　*3, 163*
closed class　　*142*
closed syllable　　*130*
coalescence　　*95*
coalescence assimilation　　*95*
common noun　　*142*
complement　　*175*
complementary distribution　　*88*
compound word　　*79, 159*
concrete noun　　*143*
conditional clause　　*182*
conjunction　　*149, 173*
consonant　　*5, 14*
consonant cluster　　*62*
constraint　　*105*
content word　　*80*
contour tone language　　*78*
co-ordinate conjunction　　*149, 179*
copula verb　　*145*
countable noun　　*143*

【D】

Daniel Jones　　*106*
demonstrative adjective　　*148*
demonstrative pronoun　　*147*
dental　　*48*
dependent clause　　*182*
derivational affix　　*152*
determiner　　*148*
devoicing/devocalization　　*96*

diacritic   89
digraph   106
diphthong   25
direct object   176
disjunctive   173
disyllabic word   72
dynamic adjective   145
dynamic verb   144

【E】
egressive lung air   5
elision   92
epenthesis   93
epiglottis   8
etymology   106

【F】
finite verb phrase   168
flap   50
formant   12
free morpheme   102, 151
free variation   90
free vowel   130
fricative   36, 37, 38, 41, 44, 47, 48, 50, 51, 52
function word   80

【G】
geminate letters   105
glottal   43, 52
glottis   6
gradable adjective   145
grapheme   110
grapheme-phoneme correspondence   99
Great Vowel Shift   100

【H】
Han   93
hard palate   11
head   86, 164, 165
heteronym   109
hierarchical structure   3
homograph   109
homophone   100, 110

【I】
identifier   148
indefinite pronoun   147
indirect object   176
indirect question   180
infinite verb phrase   169
infinitive clause   181
infix   152
inflectional affix   152
inflectional suffix   152
Initial Teaching Alphabet   108
interdental   37
International Phonetic Alphabet   21
International Phonetic Association   21
interrogative pronoun   147
intonation   75, 84
intonation language   84
intransitive verb   144

【J】
juncture   75, 83

【L】
labiodental   36
larynx   5, 6
lateral   39

lax vowel　31
letter cluster　111
lexical verb　144
liaison　93
linguistics　1, 15
lips　5, 9
loan word　103
long vowel　31, 100

【M】

main clause　179
material noun　143
Middle English　102
modal auxiliary　168
Modern English　102
monosyllabic word　72
mood　168
mora　74
morpheme　3
morphophoneme　113
morphophonemic alternation　113

【N】

nasal　35, 38, 43, 48, 49, 52
nasal cavity　5, 9
nasal sound　10
New Spelling, the　106
Noah Webster　23, 99
Noam Chomsky　105
nominal clause　180
nominal relative clause　180
non-finite clause　166
non-finite verb phrase　169
non-gradable adjective　145
noun　142

noun phrase　164
nucleus　84
nucleus sound　62
numeral　147

【O】

object　175
obstruction　5
onomatopoeia　1
open class　142
open syllable　130
oral cavity　5, 9
oral sound　9, 10
ordinal numeral　147
Otto Jespersen　101

【P】

palatal　42, 51
palate　9
palato-alveolar　40, 50
paragraph　3
part of speech　141
participle clause　181
past participle verb phrase　169
pause　73
perceptual verb　144
personal pronoun　146
Peter Ladefoged　25
pharynx　5, 8
phone　89
phoneme　2, 89, 110
phonetic symbol　20
phonetics　9
phonology　91
phrasal verb　168

phrase　　3, 163
pitch　　74, 83
pitch accent　　78
polysyllabic word　　72
possessive adjective　　148
possessive pronoun　　146
post-modifier　　165
predicative adjective phrase　　171
prefix　　152
pre-head　　86
pre-modifier　　165
preposition　　148
prepositional phrase　　164, 173
present participle verb phrase　　169
primary stress accent　　75
progressive assimilation　　91
pronoun　　146
proper noun　　142

【Q】
quantifier　　148

【R】
reduction　　94
reflexive pronoun　　146
register tone language　　78
regressive assimilation　　91
Regularized English　　108
relative adverb　　167
relative clause　　166, 180, 181
relative pronoun　　147, 167
resonance　　5
rhythm　　75, 81
Richard Venezky　　114
Robert Zachrisson　　107

Roman Jacobson　　109
root　　152
rounded vowel　　31

【S】
schwa　　31
secondary stress accent　　76
segment　　74
semi-vowel　　36
sentence　　3
sentence stress　　80
short vowel　　31
sibilant　　113
Simplified Spelling Society, the　　106
sonority　　60
sound　　3
spelling mistake　　99
spelling reforming　　98
spoken language　　108
static adjective　　145
static verb　　144
stop　　35, 38, 43, 47, 48, 52
stress　　74
stress accent　　75
structural linguistics　　108
subject　　175
subordinate clause　　179
subordinate conjunction　　149
suffix　　152
suprasegmental features　　74
syllabic consonant　　63
syllable　　3

【T】
tail　　85

teeth　　　5, 11
tense　　　168
tense vowel　　　31
text　　　3
that-clause　　　180
time of duration　　　73
tone-group　　　84
tongue　　　5, 9
tonic syllable　　　84
transitive verb　　　144

【U】
uncountable noun　　　143
unexploded sound　　　88
unexplosion　　　96
unreleased sound　　　88
unrounded vowel　　　32
uvula　　　9

【V】
velar　　　42, 51
velum/soft palate　　　9
verb　　　144, 175
verb phrase　　　164, 167
vocal folds/codes　　　5, 6
voice　　　168
voiced sound　　　8
voiceless sound　　　6
vowel　　　5, 12

【W】
weak vowel　　　76
Wh-clause　　　180
wind pipe　　　6
word　　　3

word class　　　141
word-class changing affix　　　153
word-class maintaining affix　　　153
written language　　　108

【あ】
IPA記号　　　21
曖昧（あいまい）母音　　　31, 94
明るい/1/　　　39
新しいスペリング　　　106
アルファベット文字体系　　　110
アングリック　　　107
イェスペルセン　　　101, 102
異音　　　89
異形態　　　113, 159
咽頭　　　5, 8
イントネーション　　　83-86
ウェブスター　　　23, 99
円唇母音　　　31
音　　　3
音韻論　　　91
音響スペクトログラフ　　　74
音声学　　　9
音節　　　3, 57, 58-74
音節主音的子音　　　63
音素　　　2, 89, 110
音調群　　　84
音調言語　　　84
音程　　　83

【か】
開音節　　　130
階層的構造　　　3
外来語　　　103, 129
書き言葉　　　108

索　引　191

過去分詞節　　167
過去分詞動詞句　　169
可算名詞　　143
合体　　94-95
可等級形容詞　　145
かぶせ音素　　74
関係節　　166, 180, 181-182
関係代名詞　　147, 167
関係副詞　　167
冠詞　　148
間接疑問文　　180
間接目的語　　176
気音　　83
擬音語　　1
気管　　6
聞こえよさの度合　　60
記述言語学　　108, 169
基数詞　　147
気息音　　83, 88
気息音化　　95
規則化英語　　108
機能語　　80, 142
疑問代名詞　　147
逆行同化　　91
強弱アクセント　　74
強勢　　76
強勢アクセント　　75-77, 79-81
強勢表示方式　　76
共鳴音　　12
共鳴現象　　5, 12
共鳴周波数帯　　12, 74
近代英語　　102
緊張母音　　31
句　　3, 163
句強勢アクセント　　79

具象名詞　　143
唇　　5, 9
屈折接辞　　152, 158
屈折接尾辞　　152
句動詞　　168
区分的音調言語　　78
暗い /l/　　39, 90
形態音素　　113, 116, 124, 159
形態音素変化　　113
形態素　　3, 57, 58-60, 110, 112-114, 121, 133, 137, 150, 151-157, 158-159
形容詞　　145
形容詞句　　164, 170-171
言語学　　1, 15
現在分詞節　　167
現在分詞動詞句　　169
限定形容詞句　　171
限定詞　　148
語　　3
語彙動詞　　144
口音　　9, 10-11
口蓋　　9
口蓋垂　　9
口腔　　5, 9
硬口蓋　　11
硬口蓋音　　42, 51
硬口蓋歯茎音　　40, 50
後舌母音　　90, 101
構造言語学　　108
拘束形態素　　151
交替　　137
高低アクセント　　74, 78
喉頭　　5, 6
喉頭音　　43, 52
喉頭蓋　　8

呼気　　5
語基　　152, 158, 159
国際音声学協会　　21
国際音声慈母　　21
語源学　　106
語根　　152
後修飾部　　165, 170
固有名詞　　142
語類　　141
語類転化接辞　　153-155
語類保持接辞　　153, 155-157

【さ】
再帰代名詞　　146
ザクリソン　　107
恣意性　　1
子音　　5, 13-14, 19-20, 32-56
子音群　　62
子音字　　114-129
子音字群　　115
歯音　　48
歯間音　　37
時間の長さ　　73
弛緩母音　　31
識別詞　　148
歯茎　　11
歯茎音　　37, 49
指示形容詞　　148
指示代名詞　　147
時制　　168
字素　　110
字素と音素の対応　　99
舌　　5, 9
自動詞　　144, 177
シビラント　　113, 124

弱化　　94
弱勢　　76
弱母音　　76
従位接続詞　　149
自由形態素　　102, 151
自由語類　　142
従節　　179
自由変異　　90
自由母音　　130, 133, 139
重母音　　24, 25, 101, 130, 133, 139
重母音化　　126
主強勢音節　　84
主節　　179
述部形容詞句　　171
主部　　175, 177, 178, 179
主要語　　164, 165, 167, 170, 172, 173, 177, 178, 179
条件節　　182
省略　　92-93
ショー　　107
ジョーンズ　　106
初期教育のための文字　　108
序数詞　　147
助動詞　　168
所有形容詞　　148
所有代名詞　　146
進行同化　　91
唇歯音　　36
数詞　　147
数量詞　　148
スペリング（文字の組合せ）に対する制約　　105
スペリング　　98
スペリングの改革　　98
スペリングミス　　99

索引   193

成節的子音　　63, 139
声帯　　5, 6
静態形容詞　　145
静態動詞　　144
声門　　6
節　　3, 163
接近音　　35, 40, 42, 48, 51
接辞　　151, 158
接続詞　　149, 173
接中辞　　152
接頭辞　　152, 155, 158
接尾辞　　133, 137, 152, 153, 155, 158
先核部　　86
前修飾部　　165, 167, 170, 172
前舌母音　　101
前先核部　　86
前置詞　　148-149
前置詞句　　164, 173-174
挿入　　93-94
相補的分布　　88
相補的分布の関係　　137
側音　　39
そり舌接近音　　55
そり舌側音　　50
そり舌弾音　　55
そり舌閉止音　　50

【た】
態　　168
第一強勢アクセント　　75
第二強勢アクセント　　76
大母音推移　　100-103
代名詞　　146-147
多音節語　　72
高さアクセント　　78-79

濁音　　8
他動詞　　144, 178, 179
単音　　89
弾音　　50
単音節語　　72
単純化されたスペリングの会　　106
短母音　　31, 103, 130, 133, 140
段落　　3
知覚動詞　　144
中英語　　102
中核音　　62
中核部　　84
抽象名詞　　143
調音音声学　　15
調音器官　　5
重複文字　　105
超分節素　　74, 86
長母音　　31, 93, 100, 101, 103, 130, 133, 139
直接目的語　　176
チョムスキー　　105
強さアクセント　　75
定形動詞句　　168
等位接続詞　　149, 179
同音異義語　　100, 110
同音異綴語　　100
同化　　91-92
等高線状音調言語　　78
動詞　　144, 175
動詞句　　164, 167-169, 177, 178, 179
動態形容詞　　145
動態動詞　　144
同綴異音異義語　　109
同綴異義語　　109

【な】

内容語　　80, 142
軟口蓋　　9
軟口蓋音　　42, 51
軟口蓋化音　　90
2音節語　　72
二重字　　106
人称代名詞　　146
音色　　80, 81, 83

【は】

歯　　5, 11
破擦音　　41, 49, 50
派生接辞　　152, 158
発音記号　　20
発音区分符号　　63
話し言葉　　108
半母音　　36, 40, 42
非円唇母音　　31
鼻音　　10, 35, 38, 43, 48, 49, 52
非開放音　　88
非可等級形容詞　　145
鼻腔　　5, 9
非定形節　　166
非定形動詞　　166
非定形動詞句　　169
非破裂音　　88
非破裂音化　　96
響き　　80, 81, 83
表音文字　　20
表節文字　　98
品詞　　141
フォルマント　　12
不可算名詞　　143
付加詞　　172, 175, 176, 177, 178

複合語　　79, 159-162
副詞　　146
副詞句　　164, 172-173
副詞節　　180, 182
普通名詞　　142
物質名詞　　143
不定形動詞句　　169
不定詞句　　171
不定詞節　　167, 181
不定代名詞　　147, 148
文　　3
分音符号　　39, 63, 89
文強勢　　80
分詞節　　181
文章　　3
分節単位　　74
閉音節　　130
閉鎖語類　　142
閉止音　　35, 38, 43, 47, 48, 52
ベネッツキィ　　114
母音　　5, 11-13, 16-18, 23-32
母音字　　129-134
母音字群　　134-136
妨害　　5
法助動詞　　168
補語　　175, 176, 177, 179
補助動詞　　144, 168

【ま】

間　　73
摩擦音　　36, 37, 38, 41, 44, 47, 48, 50, 51, 52
末部　　85
無強勢　　76
無声音　　6
無声音化　　96

名詞　　142-143
名詞関係節　　180
名詞句　　164-167
名詞節　　180-181
モーラ　　74, 78
目的語　　175, 176, 178, 179
文字群　　111
文字綴り　　98

【や】

ヤコブソン　　109
融合同化　　95

有声音　　8
抑止母音　　130, 133, 140

【ら】

ラディフォージド　　25
リエゾン　　93
リズム　　75, 81-82
離節的　　173
両唇音　　34, 47
連辞動詞　　145, 171, 176, 178
連接部の間　　83

■著者紹介

堀江　周三　（ほりえ　しゅうそう）

1950年　広島県生まれ
1980年　米国カンザス大学（The University of Kansas）大学院
　　　　言語学科応用言語学専攻　M.A.コース修了
1981年　米国カンザス大学（The University of Kansas）大学院
　　　　教育学部TESOL専攻　M.A.コース修了、
　　　　M.A.の学位取得
現在　　広島文化短期大学保育学科教授

英語を学ぶ日本人のための基礎英語学

2004年9月10日　初版第1刷発行

■著　者 ── 堀江　周三
■発行者 ── 佐藤　守
■発行所 ── 株式会社　大学教育出版
　　　　　　〒700-0953　岡山市西市855-4
　　　　　　電話（086）244-1268　FAX（086）246-0294
■印刷所 ── サンコー印刷（株）
■製本所 ── 日宝綜合製本（株）
■装　丁 ── ティーボーンデザイン事務所

©Shuso Horie　2004, Printed in Japan
検印省略　落丁・乱丁本はお取り替えいたします。
無断で本書の一部または全部を複写・複製することは禁じられています。

ISBN4-88730-581-8